大展好書　好書大展
品嘗好書　冠群可期

大展好書　好書大展
品嘗好書　冠群可期

實用武術技擊⑧

高翔 著

武當秘門技擊術——絕技篇

大展出版社有限公司

自　序

　　中華武術，傳統瑰寶，發揚光大，乃爲聖事。武當七仙，國拳一脈，自不該守舊藏拙，願把本門秘學披露當世，誠與同道共研共進。

　　筆者天性嗜武，因得祖父高金山親訓，起步七仙正軌，得窺此門全貌，雖難追先輩之身手，亦有寸得。即傾盡當年所學，參考古譜，深思愼取，斗膽成書。雖知學疏識淺，然自認乃心血凝聚之眞，倘對讀者有所微益，則足自慰。

　　注意，習練者學習本書先要講武德，技擊練習點到爲止，最好有老師指導保護，以免受傷。

　　其間，幸得人民體育出版社趙新華老師多方指導，並由月光銀夢攝影社李峰和虞城鐘聲相館張永良協助拍照，極其感謝。

高翔　謹誌

目　錄

第一章　打法絕招

打擊法是武術的重要技術，俗稱散打，即利用手、腳、肘、膝、頭、肩、胯各種勁節，針對脆弱易傷的敵體要害，切合雙方搏鬥的戰勢動機，進行準確、快速、強勁的致命攻擊。其特性直接明快，精簡高效。

打法主要分為兩類，一類為主攻術，即重打、抓打、快打等；另一類為反擊術，即閃打、格打等。

第一節　重打術

重打指依靠功勁、體力、身材等優勢，硬打硬攻，或在其他打法得手的優勢下，以重拳（炮捶、圈捶等）、重腿（跺子腳、單飛腳等），實施重擊。一般以後節先出，拗步出形，再打前手（也可先出前手），這樣前後手皆可有大幅蓄勢，因而打出巨力，對敵造成重傷害。

一、蹬跺連環腿

1.雙方對峙，各擺門戶（圖1-1）。

2.我見機進步，撲近敵身，同時後腿速出，猛勁蹬擊。力在腳掌或腳跟，傷敵膝節、軟肋、心窩或陰襠（圖1-2）。

圖 1-1

圖 1-2

3.連擊不停。另腿即出，順勢踩踢，腳掌平臥，力在腳緣，傷敵諸要（圖1-3）。

蹬腿正身發力，踩腿斜身發力，先正後斜，正好順勁，借勢擰腰轉體，動作協調，招法勇猛，力量沉重。

圖1-3

二、蹬掃連環腿

1.雙方對峙，各立門戶，準備格鬥（圖1-4）。

2.我見機速出後腿，擰腰轉體，猛力蹬出，腳掌立起，傷敵要害（圖1-5）。

3.另腿連出，發大力掃腿，從下向上掃襠或由外向裡掃肋等，以求重創敵要。也可掃敵腿膝後，致敵仰跌（圖1-6）。

圖1-4

圖1-5

圖 1-6

蹬腿直勁正擊，掃腿旋勁側擊，連勢一招，相得益彰。

三、蹬踢連環腿

1.敵我對峙，各立門戶，準備格鬥（圖1-7）。

2.我見機速出後腿蹬踢，向敵猛力擊去。擰腰轉體，發勁甚重（圖1-8）。

3.遇敵躲避或前擊未能重創，另腿連出蹬踢，敵不傷不止。身步配合，奪位增勁。雙手提起，佐勢暗護（圖1-9）。

四、掃踢連環腿

1.雙方對峙，各立戰勢（圖1-10）。

圖 1-7

圖 1-8

圖1-9

圖1-10

2.我見機速
發大力後掃腿，
或橫掃擊肋，或
下掃擊襠，或低
掃摔跌。擰腰轉
體，全力重擊
（圖1-11）。

3.另腿連
擊，仍出掃腿，
強攻不斷。或前
掃，身形不變；
或後掃，轉體背
身，用腳跟傷敵
（圖1-12）。

掃踢連環，
純粹硬勁，大幅
重掃，自控要
穩，防止出漏。
攻擊部位、方
位，前後要多
變，或先低後
高，或先上復下
等，致其難測難
防。

圖1-11

圖1-12

五、掃跺連環腿

1. 雙方對峙
（圖 1–13）。

2. 我見機速出
後腿掃擊，連腳帶
腿，合力猛踢（圖
1–14）。

圖 1–13

圖 1–14

圖 1-15

3. 掃腿長擊勁重，攻幅很大，再施連踩，極具威脅性（圖 1-15）。

遇敵閃躲，則須步法配合。而遇敵截格，戰勢突變，則必換招，不能連踩，宜出近身短打。

六、踩蹬連環腿

1. 雙方對峙（圖 1-16）。

2. 我見機速出後腿踩子，猛攻而去，擰腰斜身，發出重勁。傷膝節、傷軟肋等等，依形出形，不必拘泥（圖 1-17）。

3. 另腿連擊，順踩落勢，正蹬創敵（圖 1-18）。

雙腿直踢，一斜一正，身法多變，方位多變。踩踢在前，先手主攻，一是強勁有力，傷敵尤烈，且難以截攔；二

圖 1-16

圖 1-17

圖 1-18

是斜身，側形穩定，遇敵格擋托架，不易傾跌。初戰得手，後發效高。

七、跺掃連環腿

1.雙方對峙，尋機欲上（圖1-19）。

2.我見機撲上，前腿滑進，後腿緊跟，猛力跺踢（圖1-20）。

3.窮追不放，另腿連踢，大力掃擊（圖1-21）。

跺掃皆為腿中最重者，一直一旋，兩腿連環，先深入強攻，直指正要，後從側重擊，罩蓋整體，可穿透可震離，既傷人又倒人。

圖 1-19

圖 1-20

圖 1-21

圖 1-22

八、連環跺子腳

1. 雙方對峙，見隙即上（圖1-22）。

2. 我見機後腿速出，發出大力斜身跺子腳，猛攻而上（圖1-23）。

3. 跟蹤追擊，另腿順先發之勢，連出跺子腳，敵不傷不止（圖1-24）。

斜身跺子，重腿連環，力大勁猛，咄咄逼人，臨敵傷殺，尤能造勢，且易操縱，動形安全，無論主攻還是反攻，皆有大用。

圖1-23

圖1-24

九、飛踤連環腿

1. 雙方對峙，各立門戶（圖1-25）。

2. 我見機急速向前跳躍，快步如飛，身動腳起，前腳猛力向其踤踢，側身斜式，空中用腿要快，配合虛招更佳（可用手先佯攻敵上門）（圖1-26）。

圖 1-25

圖 1-26

3.一落即起，連擊不停，飛踩不止。攻擊部位，上可踢頭面，中可傷其心肋，下可偷擊襠膝，隨勢變化，終在勝人。

飛踩連環腿，主攻遠距之敵，既快又猛，借墊步飛身之勢，搶奪主動權，搶取有利位置，增加沖擊量，增強殺傷力，一腳中的，即可致敵丈外，倒地重傷。而連環飛踩，更易得手，一腳不中，復出一腳，敵一腳躲開，二擊又到。

十、雙推連環掌

1.雙方對峙（圖1-27）。

2.我見機就勢，速出雙推掌，向敵猛力攻擊（圖1-28）。

圖1-27

圖1-28　　　　　　　　　圖1-29

　　3.雙推連環，繼續強攻。步法配合，不得脫離（圖1-29）。

　　雙推掌攻擊方位重在敵上體，方易擊倒，其正身則擊胸，側身則推肩。正身易倒，側身不易倒。敵若躬身則不用此招，因無法按實發力。步法配合，調宜戰距，增強衝撞。樁身下沉，上體前探。

　　雙推掌是震離勁力的典型，主在跌人，放人丈遠。雙掌合擊，調動整體，全身之力悉數發放，掌上敵身，有如電擊，應手而倒，不復再戰。初出雙推，即或不重，也有大用，一可封閉其勁節，二可驚動其心神，三可動蕩其身樁，故連出雙推，勢必難擋。

十一、劈掏連環捶

1. 雙方對峙，各立戰架。

2. 我見機撲上，後手速打劈捶，猛擊敵臉耳（圖 1-30）。

劈捶從上向下發力，主攻頭部，「打人先打頭」，搶占先勢。遇有架格，一併劈之，即劈打其前臂，破開戰架，連攻必中。

3. 另手連動，發重手掏捶，從下向上掏擊，傷其襠，或肋或心或面（圖 1-31）。

劈掏連捶，上劈下掏，兩動舒順，連貫自然，整體爭力，勁力飽滿。

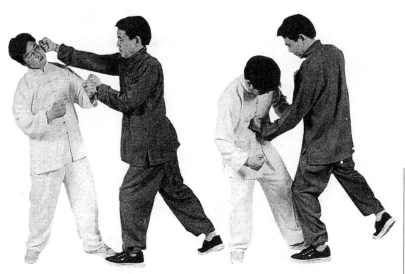

圖 1-30　　　　　　　　圖 1-31

十二、劈圈連環捶

1. 敵我對峙，各立戰勢。

2. 我後手速出上門劈捶，猛擊敵臉耳（圖1-32）。

3. 另手連動，順勢合擊，大力圈捶，傷敵頭臉（圖1-33）。

圈捶乃最重之拳，曲弧長勁，力大無窮，且走奇門，詭異難防，臨敵主攻，先劈得手或先劈得勢，再加圈捶，一擊重手，徹底摧毀。

圖1-32　　　　　　　　　圖1-33

十三、劈炮連環捶

1.雙方對峙,各擺戰架。

2.我見機撲近,後手猛擊,劈捶打頭,先發制人(圖1-34)。

3.另手連擊,發直拳炮勁,重力轟敵頭臉,或腹中心門(圖1-35)。

炮拳發力,要求一身之勁,貫注一捶。周身抖爆,猶如炮彈炸開,中敵頭面,立即臉爛開花。

圖1-34　　　　　　　　圖1-35

十四、掏圈連環捶

1. 雙方對峙，各立戰勢。

2. 我見機撲近，後手先發，從下向上，掏捶猛擊。拳心向上，拳指緊握。傷敵心中、下頜、或上門眼鼻（圖1-36）。

掏捶也屬重拳，弧形發勁，力量充沛，殺傷強烈，主攻中要，搶占中位。

3. 另手連擊，順勢向裡圈擊，傷敵耳門。掏圈連環，一中一側，協同攻擊，皆為重手，觸則有傷，令敵心懼（圖1-37）。

圖1-36

圖1-37

十五、掏炮連環捶

1. 敵我對峙，實戰
預備。

2. 我見機先發，撲
身後拳掏打，捶傷要
害，下則擊襠，正則擊
腹（圖1-38）。

3. 另手連擊，重拳
炮捶，轟擊敵臉鼻。全
力以赴，一招斃之（圖
1-39）。

圖1-38

十六、掏打連環捶

1. 雙方對峙。

2. 我見機先發，後
手掏捶，拗步扭身，勁
力強烈（圖1-40）。

3. 掏捶連發，傷敵
方（圖1-41）。

攻擊部位要多變，
或先掏襠，後掏臉，或
先掏臉，後掏心等，變
則難防，身步要配合，
跟蹤追擊。

圖1-39

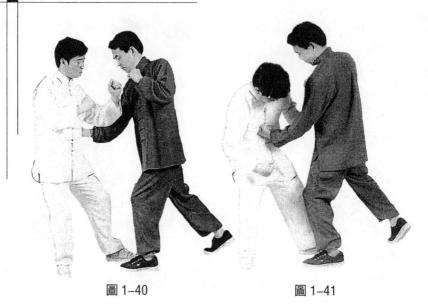

圖 1-40　　　　　　　　　　圖 1-41

十七、圈打連環捶

1. 雙方對峙。

2. 我見機撲進，後手圈捶，主打耳門（圖 1-42）。

3. 另手連發，連環圈打，敵不傷不止（圖 1-43）。

　圈捶連打，左右開弓，傷敵兩耳，凶惡異常，勢不可擋。乃重拳絕招，主攻用此，立占上風。

十八、圈掏連環捶

1. 雙方對峙，各立預備勢。

2. 我見機急進，後手圈打，從外向裡擊，重在側耳，或可打肋（圖 1-44）。

3. 另手連打，跟身進步，猛打掏捶，從下向上擊。招法突變，神妙莫測（圖 1-45）。

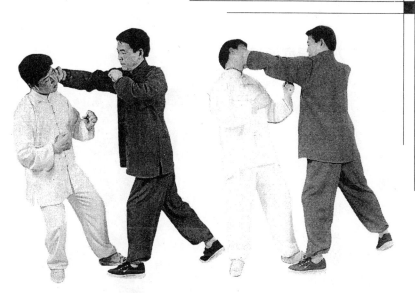

圖 1-42　　　　　　　　　　圖 1-43

圖 1-44　　　　　　　　　　圖 1-45

十九、圈炮連環捶

1. 雙方對峙，各立戰架。

2. 我見機速發，後手大力圈捶，奇門側擊（圖1-46）。

3. 另手連發，突變直拳，猛勁炮擊（圖1-47）。

此招先側攻後中擊，先曲勁後直力，長手重攻，很難防禦。惟在先手圈捶時，力幅不宜過大，身樁要控穩前向，方利於炮拳滿蓄重放。

圖1-46

圖1-47

二十、炮打連環捶

1.雙方對峙，準備格鬥。

2.我見機急進，撲近敵身，後手發出大力炮捶，前手也可。發炮捶時，擰腰轉體，全身調勁，猛力直沖，主攻中要，主打頭面（圖1-48）。

圖1-48

3.另手連發，炮捶繼續強擊，以求突破，傷敵方止（圖1-49）。

炮捶直擊，攻擊距離長，攻擊性能高，能放長擊遠，深入沖擊，猛烈難防。

圖1-49

二十一、栽圈連環捶

1.雙方對峙，各自準備。

2.我見機速進，撲近敵身，栽捶猛打，擰腰旋臂，直擊心門。直捶（栽、箭、崩、炮）一般作為先鋒手，重而且快，能放長擊遠，易於操縱，搶占先勢後，再出曲捶（圈、掏、劈、砸）（圖1-50）。

圖1-50

3.另手連擊，窮追猛打，大力圈捶，傷敵側耳（圖1-51）。

栽捶打心，無論中否，皆可造成躬身低頭之勢，此時圈捶側攻，乃最佳連手。

圖1-51

二十二、炮掏連環捶

1.雙方對峙。

2.我見機速攻，發出炮捶，轟擊而去，主攻頭面，傷臉封眼（圖1-52）。

圖 1-52

3.另手連攻，緊追不捨，從下向上，突出掏捶，傷敵心門或下襠（圖1-53）。

一直力一曲勁，一上攻一下打，出形突變，重擊連環，逃之極難。

圖 1-53

二十三、拐打連環肘

1.雙方對峙，戰勢預備。

2.我見機撲進，近身拐肘，傷敵耳門。拐肘從外向裡擺轉肘節，調動整勁，力大勢猛，轟撞側耳，觸之即傷（圖1-54）。

3.另肘連擊，拐打不停。身步配合，高樁貼身（圖1-55）。

圖 1-54

此招叫做天拐肘，主攻上門要害，「寧挨十拳，不挨一肘」，拐肘節短、骨硬、勁足，傷害極烈。此招擅於對付身高臂長者，逼近敵身，破其優勢，乘機重擊，短促殺傷。

圖 1-55

二十四、頂打連環膝

1. 雙方對峙。

2. 我見機急進，撲近敵身，同時發出頂膝，傷敵下陰、小腹或大腿、心窩，主打陰襠（圖1-56）。

3. 另膝連擊，頂打不停。

頂膝重招，從下偷擊，一可傷敵，猛烈難防；二可迫其回防或後退，封阻其下盤勁節，破其機勢；三可放膝飛腳，順勢長擊。

圖1-56

二十五、肘膝連環打

1. 雙方對峙，各立門戶。

2. 我見機撲進，近身速攻，可先發拐肘，上門猛擊，或先發頂膝，下陰強擊。

3. 短打連環，攻擊不停。拐肘先發，則變膝頂襠，頂膝先發，則變拐肘擊頭。出形要變，攻位要變，變則難防，令其顧此失彼。

以上招數是拳捶連環與腿腳連環，其實在實戰中，拳腿的連環也很多，先出拳再出腿，或先出腳法再進步打拳等，皆以此上招數為基礎，鑒於篇幅，不再贅述，學者自悟，但總以快速易用、打中對方、重創對手為目的。

第一章 打法絕招

第二節　快打術

「招無不破，惟快不破」，任何打法都需要快速，但具體到某一招數，主要是指前節攻擊、長梢發勁、直線進擊、單節連擊、快步進擊、打擊近要等類。

一、單箭連環捶

1.雙方對峙，各擺戰架，尋機欲動（圖1-57）。

2.我見隙前捶急出，速向其面門打去（圖1-58）。

發拳之時，彈射如箭，拋擊而出，求其至快，搶奪先機，臉面有雙眼、鼻骨，皆極脆弱之要，觸之有傷，不必發整體之力，但求單捶快勁。一、快招快勁，快則無破；二、

圖1-57

搶奪先手，亂其陣腳，即使不中，逼其回防，再伺機重創。

3.一次未成，兩擊即至，反覆快擊，終有其效。前手連捶，不必換手，一收即發，彈性利索（圖1-59）。

箭捶對整體各節及勢架、步法關係不大，輕靈迅捷，刺探伴沖，實中有虛，虛中有實，敵疏則實，敵防則虛，既可單擊，又可連攻，本身又快，前手長擊，戰距又近，一發即至，一收即無，敵防進無措，必手慌腳亂。

圖1-58

圖1-59

二、雙箭連環捶

1. 敵我對峙，各擺戰勢。

2. 我先見機趨近即上，前手箭捶，高速出擊，向其面門直射而去（圖1-60）。

拳面立起，拳心在裡，易於操縱，快捷難測，出擊時直來直去，兩點一線（拳與敵要害），有諺：「箭捶一條線，打出人不見。」步法配合，調宜戰距，上體前探，身如彎弓。

3. 連動不停，後手箭捶，繼續快擊（圖1-61）。

前手一出，後手即發，兩動如一。以高速連環，傷敵逼敵，不給對方反擊的時間。眼睛要看準，得手即重擊。任何快擊都是重手的前奏。

圖1-60

圖1-61

武當秘門技擊術——絕技篇

40

三、箭砸連環捶

1.雙方各擺戰架，準備交手（圖 1-62）。

2.我見隙速進，前手箭捶，電擊敵面門（圖 1-63）。

3.前手順勢，翻臂成反背砸捶，連擊不停。步身協同快，滑拖前進，上身撲探（圖 1-64）。

圖 1-62

圖 1-63　　　　圖 1-64

前手箭捶後，即稍反摔腕節，復變砸捶，更增加了快擊之快。瞬擊兩捶，蓄發之妙，練者自悟。

四、單砸連環捶

1.敵我對峙，準備格鬥（圖1-65）。

2.我前拳速砸，近取上門，拳心向裡，背骨發力。翻捶彈勁，抖擊而出（圖1-66）。

3.反覆砸擊，單手連打，不必換節，快攻不停（圖1-67）。

兩捶連砸，單節發力，微幅蓄勢，擊速必快。攻擊方位，可先上後下，或先下後上，或某要位連擊（以砸臉為佳）。在快速突擊的先勢下，再增加其多變性。

圖 1-65

圖 1-66　　　　　　　　　圖 1-67

五、砸箭連環捶

1. 臨敵迎戰，戰架預備（圖1-68）。

2. 我快攻而上，前手砸捶。尋隙速進，步法協攻，砸打要準，主擊臉面（圖1-69）。

3. 連動不停，復變箭捶（圖1-70）。

圖 1-68

圖 1-69　　　　　　　　　　　圖 1-70

可先攻心窩，再攻面門，或先攻面門，再打心窩等。砸捶較箭捶而比，出距較短，後變箭捶，短捶變長，正宜連擊。在攻擊目標多變的前提下，蓄發要協調連貫，不得斷節。快攻全在其快，稍有不快，則必有失。

六、跳躍飛崩捶

1.臨敵對峙，戰架預備，尋機欲動（圖1-71）。

2.我見機急進，後腿先過前腿一步，帶動身形，然後前腿再過一步，同時快速崩打，主傷敵面門（圖1-72、73）。

飛步崩捶，主攻遠距之敵，即利用快速連環的前後交叉過步，疾速接近敵人，步打合一，高速靈動，擊人措手不及，全靠步法的奇快。

圖 1-71

圖 1-72　　　　　　　圖 1-73

七、單彈翻飛腳

1. 臨敵迎
戰，早立戰架
（圖1-74）。

2. 我前腿見
機，趨近急出彈
腿，先踢敵下
盤，如七寸、襠
陰等。腳尖向
前，正身發力
（圖1-75）。

圖 1-74

圖 1-75

圖 1-76

3. 一彈即收，快擊不停，立變側彈，腳掌裡翻，繼續踢擊（圖1-76）。

單彈翻飛腳，以一腿的正側彈擊連環成招，先下後上，先正後側，蓄發自如，快速犀利。

八、箭彈二起腳

1. 敵我對峙，準備格殺。

2. 我見機前腿踢起，彈擊敵下門要害（圖1-77）。

交手初起，起腿要低，暗腿偷伸，很難防範，最易得手，又能為另腿連擊，造勢蓄力。

3. 快踢不停，另腿順勢跳起，連彈而去（圖1-78）。

箭彈二起腳，一腿彈擊，帶動另腿，借勢使力，動作連貫，速度快捷，非常有力。且攻位多變，先下後上，或連攻中下，短中加長，虛實難辨。

圖 1-77

圖 1-78

九、箭彈單飛腳

1.敵我對峙，雙方準備。

2.我先機快速跳起，撲近敵身，同時空中起腿，向敵猛力彈踢。或高踢面門、嘴巴，或中傷心窩，或直踢敵手掌、擋臂等（圖1-79）。

彈腿乃腿中最快者，再加跳步配合，快中更快，且空中踢腿，招勢逼人，快速壓制，一動占先。

快打招數不勝枚舉，如其它的長插快手、前手摔掌等，以及反擊招法的前腿截擊、消打連手等，節省篇幅，不復贅述，總以先手奪人，快速中的，迅急難防為原則。

圖1-79

第三節　抓打術

抓打，乃技擊大技之一，近身主攻，純以爪手先行抓控，後即乘勢施以重擊。其中的抓與打是特定的招法合成，與擒拿術連帶甚密。其特點軟硬兼具，快慢交加，強調造機造勢。

一、抓髮貫耳捶

1.技擊臨敵，雙方對峙，各擺實戰門戶，準備廝殺（圖1-80）。

2.我速出前爪，拖步進身，捕抓敵髮。一觸即拉，用力向懷裡領帶，迫敵低頭傾身（圖1-81）。

圖1-80

圖 1-81

3.同時後捶猛力圈打敵耳根、耳門（圖1-82）。

向下帶拉，髮根極
疼，敵必低頭俯腰，頭
部要害前送，最利側
打。一手控牢，一手劈
捶，立致重損。敵欲格
擋，向側方揚臂，但打
劈捶時貼身彎臂，圈形
勁路，無法貼臂阻攔。
一捶得手，立即連擊。

單抓髮一動本身就
是一種攻擊：一可致其
失力，頭節為帥，頭節

圖 1-82

被控，低頭哈腰，東倒西歪，周身勁節，皆受制約，難以發力，即使發力也鬆散，無法傷我。二可致其背勢，抓頭髮不能致其命，但能致其疼，傷其頭皮（連傷頸節），牽敵鼻子走，造勢連擊。如：抓其下低，目難視情，側要漏出，無法防備，一般以下拉為主。或可抓其上仰，前體諸要裸露，或能致敵頭節搖擺（可傷頸），椿步浮動（重則歪倒），身形失常，頭暈眼花，目光失銳，指揮失調，打則必中。

二、抓髮開花捶

1.敵我各成實戰門戶，準備格鬥。

2.我急出前爪，探臂近身，前步拖進，捕抓敵正頭髮。抓觸即速向下拉帶，彎肘收力，控制成勢（圖1-83）。

3.同時後捶從下向上，猛力掏打敵面門要害，立致敵面

圖1-83

破血流，鼻斷傷殘（圖
1-84）。

掏捶本身是重捶，
勁大力足，再加上兩手
合力，傷害甚烈。其必
欲阻攔，掏捶臂彎，其
禦手必落入空處（臂
彎），無濟於事。

三、抓髮開門捶

1. 臨敵技擊，雙方
拉開架式，準備廝殺。
我發抓打，兩眼如電，
見勢欲動。

2. 急出前
爪，探捕敵正
中髮根。後手
提起，合進蓄
勢。觸髮即彎
肘收力，向懷
下拉帶（圖
1-85）。

3. 同時後
捶猛然翻背抖
動，拳心在
裡，用根骨砸

圖 1-84

圖 1-85

敵面門鼻梁骨（圖1-
86）。

此招砸捶，力距短
小，犀利難測。一捶得
手，需連發重拳。

四、抓髮崩面捶

1.敵我雙方皆成實
戰架式，對峙欲動。

2.我速拖步進身，
貼近敵體，同時前臂探
掌，從敵身側深入，連
抓帶摟，控在敵腦後
（圖1-87）。

進步要快，防止敵
打，手肘裡合，能壓迫
敵雙臂，前膝微彎，封
敵下盤，胯肩前探，有
黏貼暗防之意。後手同
時跟進，協力合勢，防
擊蓄勁。

3.前爪到位後立即
快速連臂回手收力，把
敵頭向懷裡拉夾。同時
後捶就勢，猝然冷動，
急速崩打。迅雷不及掩

圖1-86

圖1-87

耳，兩手向裡合力，立致
敵戰傷當場（圖1-88）。

五、抓髮天拐肘

1. 敵我各把門戶擺
開，準備格鬥。

2. 我見機前步快速拖
進，帶動整體，貼近敵
身，搶占有利戰位，同時
前爪撲抓敵髮。爪心向
下，五指裡屈。一觸髮即
彎肘收力，迫敵傾頭伸頸
（圖1-89）。

圖 1-88

圖 1-89

3.同時猛然擰腰
轉體，急送後肘大力
拐打敵側臉諸要（圖
1-90）。

拐肘是肘擊最有
力者，再加中耳根、
耳門或側嘴巴骨鈎，
不聾即殘。發力時，
因拐肘為短打，要拉
長樁步，側身探背，
增加戰距。

圖 1-90

六、抓髮高吊膝

1.各擺門戶，見
機欲動。

2.我速出雙爪或
單爪，猛然撲向敵正
頭滿髮，腳步同動，
奪取戰位。尤其雙爪
同撲，往往出敵意
料，令其措手不及，
且協勁合力，罩控上
門，威逼敵勢，能搶
奪先機。一觸即向我
懷下猛力拉揪，迫敵
低頭（圖 1-91）。

圖 1-91

3.同時起後膝向敵面門頂打（圖1-92）。

此招極為狠毒，雙爪抓髮，已能致人疼痛難忍，再加合力頂膝，傷害極烈。

七、摟頭裂斷膝

1.臨敵對峙，各擺門戶。

2.我速出雙爪，從敵左右頭邊深插過去，成雙爪相扣，共抓摟頸之勢。步法配合，急動快進，身形宜側，封閉暗防（圖1-93）。

3.連動不可停頓，雙爪就勢向下拉搬敵頭頸，向懷裡用勁，迫其低頭哈腰。同時起前膝側打敵側脅軟肋（圖1-94）。

「摟抓脖頸，必用前側膝」，摟頸拉帶，貼身短距，前膝順勢仰上身側打，既易操縱，又易發力。而正膝打無力，後膝

圖 1-92

圖 1-93

打無根。此招得手，可再
用後膝連擊等。

八、鎖喉撲面捶

1. 雙方對峙，戰距中
長，各自拉開門戶。

2. 我速出前爪急奔敵
咽喉氣門，爪心向前，出
手時，擰腰轉肩，高樁通
臂，且要步法配合（圖
1-95）。

圖 1-94

3. 一觸即合指力鎖扣，並向後拉，同時後手速打崩捶，
擊敵面門諸要，高樁探背（圖1-96）。

圖 1-95

圖 1-96

此招最重鎖喉一
動，鎖喉得手，足以
威脅對手性命，為致
敵絕地者，後續一
捶，既增加了壓力，
可破壞敵方對前手抓
鎖的破解和阻攔，又
致連傷。

九、抓胸栽臉捶

1. 臨敵對峙，
各成實戰門戶，準
備廝殺。

2. 我速出前
爪，急奔敵前胸衣
抓去，掌心向前，
爪形平臥。側身進
步，眼觀敵變。沾
衣即猛然回力彎
臂，向懷拉帶（圖
1-97）。

3. 同時順勢摟
腰向裡轉體，旋臂
打出後手栽捶（圖
1-98）。

圖 1-97

圖 1-98

十、抓襠崩面捶

1. 敵我對峙，準備廝殺。

2. 我速出前爪，向敵下門抓去。步法配合，近身施技。抓住敵襠部，立即向後上拉提，五指暗含扣力，掐握睾丸。另手跟進，窺機蓄勢（圖1-99）。

圖 1-99

3. 同時後手急發短勁崩拳，擊敵面門（圖1-100）。

此招既有暗勁，又有明力；既有拉打合力，又有單拳快勁，且是上下齊擊，奇法難防。

圖 1-100

十一、抱腰殺襠膝

1.臨敵對峙，各成戰架，躍躍欲動。

2.我速見機急進一步，出雙爪各從敵兩側攻入，準備抓摟敵整個腰節。身宜側形，肩向前靠，胯向前擠，步進中門，低勢逼進，奪取戰位，防敵彎腰避讓。黏貼快，出爪快，方能得手。得手後即雙爪合力向裡摟帶（圖1-101）。

3.同時起膝猛力提打敵襠部。雙爪控牢，附體重膝（圖1-102）。

圖1-101

圖1-102

十二、抓肩頂心膝

1. 臨敵對峙，各擺實戰架勢。

2. 我速進一步，逼近敵身，同時出雙爪從上向下，撲抓敵雙肩節位。一觸即向下沉拉，迫敵彎腰，防敵退讓（圖1-103）。

圖 1-103

3. 同時順勢仰身起膝，頂打敵腹中心窩（圖1-104）。

此招中距，宜用前膝，快速難防，用後膝雖有力，敵易逃脫。敵一彎腰沉勢，正好膝打頂心。

圖 1-104

十三、抓踢撩陰腳

1.各擺實戰架勢，準備格鬥。

2.敵用直腿向我踢來，我仰身避讓，同時出前爪從下向上托抓其腳腕。托抓向上，一般防直腿，如蹬、踩，以橫破直，易於捕捉（圖1-105）。

圖1-105

3.連動不停，速起前腳撩打敵襠部。同時托抓配合，後上托拉，防敵收腳，亂其樁步，漏出陰襠，更有利踢擊（圖1-106）。

圖1-06

十四、抓踢截膝腳

1.敵我對峙，預備廝殺。

2.敵用直腿踢我中上，我閃身避讓，同時速出前爪捕抓敵腳腕，掌心向上。一抓即向上後提拉（圖1-107）。

圖1-107

3.連動不停，起腳正蹬打其另腿膝蓋，立致敵疼痛難忍，不能行走（圖1-108）。

圖1-108

十五、抓踢偷陰腳

1. 敵我對峙，預備。

2. 敵向我中上門直腿踢來，此腿凶猛，我不得不大幅退步，戰距拉長，同時出爪托抓敵腳腕。防則為攻，餘節蓄勁（圖1-109）。

圖1-109

3. 捕抓得手，即速向上後提拉，順勢起後腳彈擊，從下向上直奔敵襠下。彈腿快捷，放長擊遠，鑽人空檔（圖1-110）。

圖1-110

十六、抓踢倒椿腳

1. 敵我雙方各擺戰架，準備打鬥。

2. 我見機捕抓敵攻擊腿腳，無論托抓、摟抓，只要抓住，立即提拉，以搖動其身形，使其椿步不穩（圖1-111）。

圖 1-111

3. 連動不停，立即使腳向敵蹬跺而去，無論要害，只要跺住，敵單腿獨立，我腳到敵倒。抓爪鬆開，更利跌遠（圖1-112）。

圖 1-112

十七、抓踢斷膝腳

1. 雙方對峙，準備廝殺。

2. 敵出掃腿或直腿向我中盤踢來，我速側身避讓，同時出手捕抓敵小腿腳腕。掌心向上，手腕勾曲，手臂翻轉向外用力摟托。前臂暗勁格擋，卸力順抓落腿（圖1–113）。

圖1–113

3. 捕抓得手，立即連擊，順勢起前腿向敵另腿膝節猛力跺去（圖1–114）。

圖1–114

十八、抓踢雙推掌

1.臨敵對峙，各擺戰架。

2.敵方出腳踢來，我速窺其來勢，接抓應招（圖1-115）。

3.連動不停，順勢進身，變招雙推，掌指向上，掌心向前，力在掌根，攻敵上體。踢腿受抓，懸起未落，另足單腿獨立，不堪震離，立仰跌丈遠，摔傷不起（圖1-116）。

圖1-115

圖1-116

十九、抓臂裂斷膝

1. 雙方對峙，準備廝殺。尋機欲動，出手不留情。

2. 我急出前爪向敵臂節位撲抓而去，快速準確，抓節定位，控制前手，遲滯餘節。身步配合，另手配合（圖1-117）。

圖 1-117

3. 同時後膝順勢前頂，打敵側脅軟肋（圖1-118）。

膝宜側提，擰腰轉體，增距增力。輕中劇疼，重中斷肋，不中換招。

圖 1-118

二十、抓臂迎門肘

1.敵我預備戰架，對峙尋機。

2.我見機速動，前手變爪速撲抓敵手臂，側門攻形，何處皆可，目的在於控手定勢，縮短戰距，準備用鐵肘強擊（圖1-119）。

圖1-119

3.上動不停，後腿交叉進步，順勢後肘向敵頭重力搗擊，肘頭向前直沖，面門、耳門一觸即傷。爪手後拉，進步鎖閉其腿，不讓其縮身脫退（圖1-120）。

圖1-120

二十一、抓腕仰面跌

1. 臨敵對峙，各擺戰架，準備格鬥。

2. 我見機急出前爪撲抓敵前手腕節，捕住即向後外上擄拉。領其臂直、體晃，使其起椿、靠身，為最佳戰勢（圖1-121）。

3. 上動不停，上下順勢齊擊，上用砸捶，下用掃腿。砸捶力用拳背，打其面門頭要，從裡向外攻擊，掃腿踢其腳跟側根，腳尖勾起，從外向裡用力。兩動合勁，敵立重跌，面門必傷（圖1-122）。

圖1-121

圖1-122

二十二、撲腕撩陰腳

1. 敵我對
峙，各擺戰架。

2. 我速進步
趨身，雙手探爪
撲抓敵雙腕勁
節，得手後立即
向後捋拉和向下
壓迫（圖1-
123）。

圖 1-123

3. 同時起後
腳向敵襠部用力
撩打，膝節彎
曲，腳尖向上，
潛形偷出，直奔
陰囊（圖1-
124）。

上拉下撩，
一控一踢，相互
配合，兩動合
勁，無法逃脫。

圖 1-124

二十三、撲腕天拐肘

1. 敵我對峙，各有準備。

2. 我速出雙手向前捕抓敵雙腕，得手後即向下向懷捋壓，縮小戰距，進一步控敵雙臂，連制周身（圖1-125）。

3. 連動不停，同時順勢轉身，撐腰送肘，左右皆可，拐打其耳根、耳門（圖1-126）。

根據戰況，步法配合，以期中的。

圖1-125

圖1-126

二十四、撲腕矢門頭

1.臨敵技擊，戰架對峙。

2.我速出雙爪主動撲抓敵腕節或臂節，以雙腕為主。步法配合，拖拉近身，爪心向下，壓逼進勢（圖1-127）。

圖 1-127

雙手同時撲抓，罩控敵上門各節，控制範圍大，容易得手，且兩手同控，封壓有力，易於造勢。雙爪中腕即猛向下、向後抓壓，以期造成敵雙手被控、彎腰滯步等。

3.同時頭節出擊，向其面門猛然頂去，頭如鐵球，立致敵臉破（圖1-128）。

圖 1-128

二十五、抓腕揭蓋腳

1. 敵我對峙，各擺戰架，準備動手。

2. 我速出前爪擒抓敵前腕，得手後即向後上帶捋敵手臂，後手也可變爪，協同抓拉（圖1-129）。

3. 同時順勢擰腰轉體，出後腳猛力下鏟敵前膝關節。沉樁、傾身，順應重力，發勁篤實（圖1-130）。

鏟腳專攻下盤，最難出手防備，抓爪牢控，最難退步逃脫。

圖1-129

圖1-130

二十六、抓腕挑板腳

1. 臨敵對峙，各擺戰架，準備廝殺。

2. 我乘機速出前爪尋抓敵腕節，得手後即向後上拉帶領力。步法配合，掌握戰距。另手配合，也可同抓，更為有力（圖1-131）。

圖 1-131

3. 連動不停，後腿見機，同時跟上，用力撩踢敵側脅軟肋（圖1-132）。

圖 1-132

二十七、抓腕斜山腳

1. 臨敵格鬥，雙方拉開戰勢，準備動手。

2. 我尋機速出前手，捕抓敵前手，從敵外門攻入，爪心向下或向外纏抓，觸腕後即猛力向後外回領（圖1-133）。

圖1-133

3. 連動不停，同時順勢擰腰，前腿跺出，直奔敵肋脅而去。抃爪腳法兩動合力，立創敵軟肋，重者肋斷。若腳跺時擒爪鬆開，可致敵震離後跌（圖1-134）。

圖1-134

二十八、抓腕偷陰腳

1. 臨敵技擊，擺出門戶，利防利攻。

1. 我速出前爪，捕抓敵前手手腕，戰距長短，步法配合。得手後即向後用力捋拉（圖1-135）。

圖1-135

3. 同時順勢擰腰轉體，起前腳彈敵襠部（圖1-136）。

敵若正身，則正彈，腳尖向上；敵若側勢，則側彈，力達腳尖，而腳掌平臥。腰身隨變，靈活自然。

圖1-136.

二十九、抓腕栽頭捶

1. 格鬥對峙，見機欲動。

2. 我前爪速出捕抓敵戰架前腕，得手即捋，閉其節晃其身（圖1-137）。

3. 順勢用後拳栽擊敵臉鼻或側耳，力在拳面，轉髖擰腰，上身前沉，帶動身力，沉重猛烈，輕者鼻青臉腫。抓爪回拉，二向爭力（圖1-138）。

圖 1-137

圖 1-138

三十、抓腕搯肋捶

1. 雙方對峙，預備廝殺。

2. 我見機前手速出，捕抓敵外門側腕。一觸即外擰下拉（圖1-139）。

3. 同時順勢，樁步前趨，擰腰轉體，連出搯捶，由下向上，向敵裸露側體軟肋猛力打去。外門打擊，一手被控，躲之不能，防之極難（圖1-140）。

圖 1-139

圖 1-140

三十一、抓腕貫耳捶

1.敵我對峙，準備廝殺。

2.我見機速進步，近身，側門攻勢，出爪撲抓敵外腕，觸則外纏，向裡擰敵整臂（圖1-141）。

3.前手纏擰同時順勢向前擰腰，打出後手圈捶，向外、向裡旋轉發起攻擊，目標外側耳門。圈捶力大勁沉，傷害極烈（圖1-142）。

抓打中的抓爪手法細分有多種，托、摟、勾、抱、抵、撲、捕、推、拉、将、鎖、纏、擰、撕、扯等，各種抓法配備相應的打法，皆以易發易

圖1-141

圖1-142

中為原則。以抓腕貫耳一招為例，其圈捶發力，屬曲捶旋轉勁法，所以抓爪只有纏擰，雙手才宜協同一致，產生巨大合力。若後捋或上提，必然減力消力。其中原理，不得不明。

抓打攻擊，長手短手，必據抓爪創勢而來，抓控成手，戰距短者，近身殺傷，長則無力；戰距長者，短手不及，必用長勁。應據打鬥實情，準確判斷，及時攻擊，不必拘束。沒有空抓，即有良機，只要打中，即是妙招。

抓打是「控戰」的要技，吸取了擒拿的控勢、困身的進手方法，比擒拿省時便利；採取的是間接定位的攻擊手段，安全穩當，打之難逃，擊之易中。但抓與打要渾圓合一，互為攻防，明暗協動，防止僵持、脫斷。經常練習抓打，對近戰、控勢、合力、感應等技擊能力都有很大的幫助。

第四節　格打術

格打，是一種比較常用的技擊反打術，先行對敵進攻招式作格擋類防禦，即上架外撥裡攔下砸，後即乘勢還擊。其主要特點，橫力豎勁，短中加長。強調承接抵抗，注重硬功排打。

一、架格掏心捶

1.敵我對峙，尋機欲鬥（圖1-143）。

2.敵突出上門重捶向我臉部擊來，如後手劈捶，我急用前手前臂向上格擋，抵破其猛力，不得讓其打上（圖1-144）。

上格之時，前臂用力，接力處在骨側棱，一般不用上平

圖 1-43

圖 1-44

面，在動作時，腕節裡撐，手心向外即成。

3. 同時反擊，後手順勢，出掏捶打敵心窩（圖1-145）。

上格下掏，一格即打，不讓其變，發力時撐腰轉體，上體前探，接近目標，打出重勁。還擊得手，即施連打。

圖1-145

二、單格砸心捶

1. 雙方對峙，各擺戰架。

2. 敵突出一招向我上門擊來，我急用前手前臂向上格擋，抬肘揚臂，橫形上架，破開來招（圖1-146）。

3. 同時還擊，前手前臂順勢下沉伸開，前拳打出，砸捶擊心（圖1-147）。

重心前移，上體前探，快速抖砸，務必一擊中的。此招屬單節反擊術，連消帶打，便捷難測。從勁力上講，格擋屈臂是捶之蓄力，既破了來招，又蓄滿勁力，絕招之妙即在此。

圖 1–146

圖 1–147

三、架格偷襠捶

1. 各擺戰架，雙方對峙。

2. 敵突出一拳向我上門擊來，我急用前臂格擋，向上架開其臂，破其來招（圖1-148）。

3. 同時順勢，後捶反擊，傷敵下襠（圖1-149）。

身形下潛，樁步下跪，低勢深入，快速猛打，拳心向上，五指緊握。

圖 1-148

圖 1-149

四、架格掏肋捶

1. 敵我對擂，各立戰勢。

2. 敵前手突出一招打我上門，我見其拳來，急出前臂向上格擋，架開其臂（圖1-150）。

3. 同時順勢，後拳速出，反擊其肋（圖1-151）。

擰腰轉體，調動整勁，斜身拗椿，猛力傷之。

圖 1-150

圖 1-151

五、單架碎陰捶

1.敵我對峙，各擺戰架。

2.敵突然撲進，上門一拳打來，我急前臂上架，格擋來招（圖1–152）。

3.以橫破直，其勁剛卸，就勢伸臂，變捶下擊，砸打敵襠部（圖1–153）。

身椿配合，反擊要快，猛然抖擊，單手消打，動形較小，省時高效。

圖1–152

六、架格斷膝腳

1.敵我對峙。

2.敵突然撲上，上門一拳打來，我見招急擋，前臂上格，架住來臂，使其招落空（圖1–154）。

3.同時順勢，前腿猛跺，反擊敵膝，傷其難動（圖1–155）。

圖1–153

擰腰轉體，斜身跺之，勁力充足，偷攻下盤，最易得手。

圖1-154

圖1-155

七、架格斜山腳

1. 雙方對峙，各擺戰架，準備格鬥。

2. 敵手突出，擊我上門，我有感即應，急出前臂向上格架，擋開來招（圖1-156）。

3. 同時反擊，順勢轉身，猛力踩敵前肋（圖1-157）。

格打之要，一格即打，不待其變，順勢反擊。所以在臨敵中使用格打，判斷要準，反應要快，動作要協調，愈協調，速度愈高，破綻愈少，敵防愈難。

圖1-156

圖1-157

八、架格踩心腳

1. 敵我對峙，
戰勢預備。

2. 敵突出一
手，打我上盤，我
急出格擋，架開來
招（圖 1-158）。

3. 同時順勢，
出腳反擊，斜身踩
踢，傷敵腹心窩
（圖 1-159）。

凡出踩
腳，皆為斜
身，既可利
用擰腰轉
體，提高殺
傷力，又避
開正面諸要
害，減少被
擊面。

圖 1-158

圖 1-159

九、架格截膝腳

1. 各立戰架，準備格鬥。

2. 敵突向我上門打來，我急用格擋，向上防衛。前臂上頂，橫勁卸化（圖1-160）。

3. 同時反打，正身前蹬，順勢發勁，對準其前膝，狠狠蹬去（圖1-161）。

腳掌立起，不用大幅轉身，反擊較快，搶勢較快，傷敵膝節，暗腿難防。

圖 1-160

圖 1-161

十、架格蹬心腳

1. 各擺門戶，準備打鬥。

2. 敵突出上手擊我頭位，我急前臂上格，架擋來招（圖1-162）。

圖1-162

3. 同時反擊，不待其變，前腿順勢正向蹬出，踢敵正心（圖1-163）。

傷敵腹中心窩，既可傷敵，又可因此一腿伸入，就勢封阻，搶占戰機後，必發連擊，以期重創。

圖1-163

十一、架格登山腳

1. 各立戰架，準備攻擊。

2. 敵突出一手向我上門擊來，我急用前臂格擋，架開此招，便其向上空去（圖1-164）。

3. 順勢反擊，格擋同時，蹬踢連出，傷其前肋（圖1-165）。

上格蹬肋，主攻側身之敵，軟肋近送，正宜蹬之。蹬腳較快，但正身發招，正面要害裸露，必防失手。蹬腳若被擒，非常危險。

圖1-164

圖1-165

十二、架格撩陰腳

1.各立戰架，準備格鬥。

2.敵突出上門手擊我臉耳，我見手破手，前手格擋，架開來招（圖1-166）。

3.順勢反擊，同時前腳速出，原地發勁，從下向上，猛然起踢，撩擊下陰，致其受傷，不復再戰（圖1-167）。

格打撩腳，主在近距時使用，敵我靠近，形短招快，敵手易變，在防守時，預測較難，捕捉較難，可在格擋中加以退步，撩攻中加以進步，全為調適距離。或用後腳撩踢，但原地撩踢，更具突然性。

圖1-166

圖1-167

十三、架格挑板腳

1. 雙方對峙，各立戰勢。

2. 敵突撲進，前手拳打，欲擊我臉耳。我急用格擋，向上破開來招（圖1-168）。

3. 不待其變，格擋一起，其力卸散，封阻勢成，即速反擊。順勢原地起腳，猛然向上撩踢，傷敵前肋（圖1-169）。

圖 1-168

圖 1-169

十四、架格彈心腳

1. 各擺戰勢，雙方對峙。

2. 敵突出上門重手，我急用格擋，正上破之（圖1-170）。

3. 同時反擊，順勢前腿彈踢，正向腳尖發勁，速傷其腹中心窩（圖1-171）。

圖1-170

格打用彈腿，長踢長擊，腳法要訣：「長彈、近撩、斜踩、正蹬、猛掃、飛腳」，各種腿法，各有專長，應根據戰況（敵我戰距、雙方動形等），加以合理運用。不得盲目亂發。

圖1-171

十五、撥格貫耳捶

1. 實戰對峙。

2. 敵突出拳擊，欲傷我臉耳，我急用外格擋破之（圖1–172）。

3. 同時順勢反擊，速用後手圈捶，從外向裡猛擊敵側耳、臉（圖1–173）。

無論敵順步前拳，還是拗步後拳，與我相對是同勢，還是反勢，皆可用圈捶，一格即發，反勢壓制，反攻臉耳，快速且有力，猛烈難擋。

圖 1–172

圖 1–173

十六、撥格圈肋捶

1.各立戰架，準備打鬥。

2.敵突然撲進，來上攻手。我急用格擋，側外破之（圖1-174）。

3.同時反擊，順勢後發圈捶，重擊敵側肋（圖1-175）。

此招主破正勢順步前手上拳，我用前招破前，後拳從側門速進，敵無手可防。

圖1-174

圖1-175

十七、攔格開門捶

1. 雙方對峙，各立門戶。

2. 敵突向我下門打來，我急用前臂向下或向裡下壓格，破其來勢（圖1-176）。

圖1-176

3. 同時順勢反背砸拳，前手連擊，傷其面門（圖1-177）。

即格即打，連消帶打，快速冷動。樁身配合，格擋時，向下沉身低樁；反打時，向前探身高樁。

圖1-177

十八、砸格栽面捶

1.雙方各擺戰勢，準備打鬥。

2.敵突出招擊我中下（心、肋、襠），我急用前臂向下壓格，迫使來手下沉落空（圖1-178）。

圖 1-178

3.不待其變，立即反擊，裡擰腰節，轉體帶臂，後手順勢打出直勁栽捶，猛轟其面門，致敵重傷（圖1-179）。

圖 1-179

十九、砸格崩面捶

1. 雙方對峙，戰勢準備。

2. 敵突出中下招數，向我打來，我急向下、向裡，壓臂格擋，以期卸勁化力（圖1-180）。

圖 1-180

3. 同時反擊，順勢後拳崩出，傷敵頭要（圖1-181）。

格敵前手，必崩側耳，格敵後手，必崩臉中（鼻、眼等），而手法格式不變。故臨敵時，一擋即崩，直奔頭上，中則傷之。

圖 1-181

二十、格踢截膝腳

1. 各立戰架，準備打鬥。

2. 敵突下門出招，向我打來（如彈腿、蹬腳，欲擊我襠、膝等），我急用小腿，向裡、向下（或向外、向下）攔格，擋開來勁。雙手提起，暗護上門（圖1-182）。

3. 同時反踢，順勢伸開膝節，用腳猛力蹬敵支撐膝節，傷則難動（圖1-183）。

圖1-182

圖1-183

二十一、格踢落步捶

1. 各立門戶，準備打鬥。

2. 敵突然用腿擊我下路，我急彎懸膝節，用小腿裡側格擋來招，使其旁落（圖1-184）。

圖 1-184

3. 敵勢方盡，不待其變，我急落腿進步，逼近敵身，速發上門連捶，猛力反打，或箭拳，或崩捶，或砸捶，或抓擊等，遠則長擊，近則短擊（圖 1-185）。

圖 1-185

二十二、格踢偷陰腳

1. 各擺戰架，準備交手。

2. 敵突撲上，下盤偷擊，我閃躲不及，急提腿抵擋（圖1-186）。

圖 1-186

3. 順勢展腿反擊，彈踢下陰，觸之即傷。一格即攻，不待其變，反擊得手，連施重打（圖1-187）。

格打用彈，敵最難逃，可遠可近，可正可側，腳尖發勁，抖動便捷，攻擊範圍大，攻擊點多，犀利莫測。

圖 1-187

二十三、格踢撩陰腳

1. 準備動手，各立戰架。

2. 敵突發一招，向我下盤擊來，我急動小腿格擋，破開來招。雙手上提，暗護上門（圖1-188）。

3. 不待其變，快速反擊，順勢展腿，撩踢敵襠（圖1-189）。

亦格亦踢，一腿兩動，攻防兼具，防則為攻，主在傷敵。

圖1-188

圖1-189

二十四、格踢斷膝腳

1.準備交手，戰架準備。

2.敵突用腿向我下門擊來，我見招急動，小腿格擋，頂開來招，抵住來勢（圖1-190）。

3.同時順勢反打，伸腿即踢，跺敵另腿膝節（圖1-191）。

圖1-190

跺膝控制面較大，不易落空，跺中不易滑脫，更易中的，發力時配合擰腰，發出猛力。

格打術先守後攻，先束後展，功勁抵抗，注重力度，技巧性（反應、判斷）不高，容易掌握，只要見招就格，必有封

圖1-191

阻，都有自護作用。其中除前臂、小腿格擋外，其它如掌緣、掌根、掌面、腳底等皆可用，或雙節或多位格擋，用力方向也不要拘泥（如側上、斜下、撥架等），格擋時手臂可長可短，前後手都可作格護，或利用退步、動樁等。反擊時更是豐富多變。筆者只能擇其常見招勢，精文簡解，學者務必舉一反三，觸類旁通。

第五節　閃打術

閃打，是一種非常巧妙的技擊反打術，在臨敵中，對強勁攻勢，不作任何抵抗，先行閃躲，後即見隙快速反擊。其優點，後發先至，安全高效，省時省力，能以弱勝強。強調速度，注重反應。

一、仰身偷陰腳

1. 雙方對峙，準備格鬥（圖1-192）。
2. 敵突發拗步或順步拳法向我上門擊來，或出直腿攻我上門，或出上圈捶等。我見其勢猛，急向後仰頭避

圖1-192

讓，以避其鋒。
兩手提起，暗護
胸前，以防不
測。敵進逼過近
過緊，可作退步
（圖1-193）。

3.同時速出
前腿，順勢彈
打，從下向上直
擊敵襠部，力在
腳尖（圖1-
194）。

彈腿最快，
彈性冷動，能放
長擊遠。一閃即
踢，攻敵下陰，
暗腳難測。即使
不中也能逼其回
防，且以一腿之
長，阻敵於圈
外。

圖1-193

圖1-194

二、仰身彈心腳

1.敵我對峙
（圖1–195）。

2.敵突出招
向我上門打來。
我則急向後仰身
閃避（圖1–
196）。

3.同時速出
前腳，向敵心窩
正彈而去（圖
1–197）。

此招主破敵
拗步後拳，其轉
體發勁，必俯身
沉肩，中腹前
送，正宜踢擊。
上閃下踢，非常
順勢。正仰閃
避，重心後移，
必出前腳。前腿
距敵近，彈腿踢
敵快，犀利無法
防。

圖1–195

圖1–196.

圖 1-197

三、仰身彈簾腳

1. 敵我對峙。

2. 敵突出招向我上門打來。我急向後正仰頭肩，閃避開來，雙手提起暗護。眼看敵勢，不得稍懈（圖1-198）。

3. 同時前腿速出，正向敵軟肋彈去（圖1-199）。

圖 1-198

圖 1-199

向後正仰，後移重心，是為躲招，而實為蓄勢，正好送腿彈打。輕鬆閃開，順便一腳，不多費力，不多費時，而收效快，殺傷重，何其巧妙。

四、仰身撩陰腳

1.敵我對峙，尋機欲傷。

2.敵近身逼來，先行出招，突打我上門。我則急上身後仰，正向閃避，躲來勁節。上頭後仰，重心後移，雙手提高，封閉暗護（圖1-200）。

3.同時前腿速出，順勢撩踢，擊敵襠陰（圖1-201）。

撩踢尤適中近戰距，短促有力，專打下門要害，最擅踢襠，敵正面強力攻來，我卻不招不架，輕閃讓位，其勁無著，而我卻虛中有實，低腿偷擊，敵必撤變不及，立遭重創。

圖 1-200

圖 1-201

五、仰閃挑板腳

1. 敵我雙方對峙。

2. 其突出招向我上路打來。我急正後閃仰避讓。雙手高起，封阻暗護。眼銳明勢，見機防變（圖1-202）。

圖1-202

3. 同時前腿順勢速出，從下向上猛力撩踢其軟肋側要，腳尖發勁，膝節適屈，短促突擊（圖1-203）。

撩踢是技擊重要的腿法，戰距中短，主攻下盤，難測難防。屈膝崩發寸力，而且易於操縱，易於變化，既利落步進擊，又利開腿變長，彈蹬連環。

圖1-203

六、仰身登山腳

1.敵我對峙，雙方尋機欲出。

2.敵突發招向我上門打來。我急仰上體，後正閃讓，使其落空（圖1-204）。

3.同時順勢，速出前腳，正蹬其肋軟。腳腕向上立起，腳掌發勁直擊，立致敵肋傷（圖1-205）。

蹬腳有力，但在閃打正仰發勁中，有所失力，所以特別要防敵破腿，著重連擊，一招得手 乘勢猛攻，不能僅賴一蹬。

圖1-204

圖1-205

七、仰身截膝腳

1.敵我對峙，各自尋機。

2.敵突猛撲上來，向我上門猛打一拳。我有感即動，覺其勢猛，急向後正仰上身，避開此招（圖1-206）。

3.同時順後仰之勢，原地起前腿猛力正蹬其膝節（圖1-207）。

圖1-206

一可傷敵膝節，撞疼膝蓋，立即失力，重則膝斷難支。蹬膝腿更低，敵已在發力中，無法再擋閃，一踢必中。二可因此阻敵起步或起腳，不讓再進，其則無法近身或連擊，即使不中，我繼續加打，反占上風。蹬要蹬準，蹬其前膝，假使蹬空，易被其近身重擊，雙手高抬，暗護無患。為保持

圖1-207

有利戰距，在閃躲中，可用退步調節。

八、斜閃斷膝腳

1.敵我對峙，各自尋機（圖1-208）。

2.敵突撲進向我上門打來。我覺動急閃，向裡後斜身避讓，使其落空（圖1-209）。

3.同時順勢，擰腰轉髖，速發前腳，猛力跺向膝節，致其傷殘（圖1-210）。

斜身發腳，腰髖協勁，比仰身發腳更加有力，殺傷更加強烈。且側身斜勢，蓄勁完整，有利於變招和連發。另外各個要害比仰身封閉更嚴密，低頭彎腰，更加安全。前手順勢下垂，暗護襠前。後手順勢上提，暗護側前。

圖1-208

圖 1-209

圖 1-210

九、側身斜山腳

1.雙方對峙，蓄勢待發。

2.敵突撲進向我上門擊來。我有感即應，急側閃上身，避開此招（圖1-211）。

3.同時連擊，順勢起腿，前腳猛跺其側要軟肋。腳掌平臥，腳尖向裡，擰腰轉髖，踢出巨力（圖1-212）。

跺子腳，即「斜身跺子腳」，無論閃打，任何打法中都是斜身發出。而用在閃打中更加適形適勢，敵打我也打，既能避敵，又能傷敵，一招制敵，是為絕招。

圖 1-211

圖 1-212

十、斜身踩心腳

1. 雙方對峙。

2. 敵突發招向上門攻進。我側身急閃（圖1-213）。

3. 同時順勢速出前腿，發力猛踩，直奔心窩而去（圖1-214）。

圖 1-213

踩子腳乃最重之腳法，以力量著稱，閃中生機，再加踩心，一踢必中，中則重創。此招尤破敵後節打擊，其用後直拳，或後圈捶，或高彈，或橫高掃腿，中正敵身。閃讓同時，一腳踩出，後發先至，既快又硬，敵必傷或倒。

圖 1-214

十一、斜身偷陰腳

1. 敵我對峙
（圖 1-215）。

2. 突感敵上
門打來，我急斜
身閃開（圖 1-
216）。

圖 1-215

圖 1-216

圖 1-217

3.同時順勢，前腿速出，側彈敵下襠，腳掌平臥，腳心向外（圖 1-217）。

側彈操縱最為靈便，變化多端，且腳尖發力，能鑽隙直入，襲空巧取。敵招打來，無論後節前手、拗椿順椿、前腳後腿，皆可閃中巧打，專踢下襠。

十二、斜身彈心腳

1.敵我對峙，各欲出擊。

2.突敵撲來，上打一招。我急上身斜轉，讓開來勁（圖 1-218）。

3.順勢連動，轉腰同時，帶腿踢出，側彈其腹中心窩（圖 1-219）。

此招尤適敵前手發力時，身形順側，心腹前送，正宜中

圖 1-218

圖 1-219

的。彈心位高，身斜幅大，控勢要穩。彈踢要快，暗含掃
勁。

十三、斜身彈簾腳

1. 敵我對峙，各自尋機。
2. 敵突出一手上打而來。我見其力猛，斜身閃讓，避其鋒芒，使其勁落（圖1-220）。
3. 同時即攻，不待其變，斜身翻腿即出，前腳踢彈，傷其軟肋（圖1-221）。

斜身側彈，既快又長，一閃即打，奇變難防。軟肋面大易攻，且打其近前之肋，出則易中。

圖1-220

圖1-221

十四、斜身揭蓋腳

1. 敵我對峙，各自尋機。

2. 敵先行出擊，撲進上打。我察其企圖，上體急閃，斜身避之（圖1-222）。

3. 同時順勢，前腳出擊，向其前膝猛力鏟踢，重創其膝節或小腿迎面骨。腳形斜轉，腳掌平臥，側緣發力，前下用勁，猛烈沉重（圖1-223）。

鏟腳乃腿法最低者，暗腿偷伸，隱蔽難測，折膝斷脛，其縱有渾身本領，不能使用，無法再戰。

圖1-222

圖1-223

十五、斜身裁心捶

1. 臨敵對峙，各立門戶。

2. 敵突出上手，向我頭要打來。我覺其形動，急裡轉頭節，向後稍撤，斜身避之（圖1-224）。

圖1-224

3. 同時順勢反打，撐臂發勁，打出前手裁捶，重擊其心門（圖1-225）。

閃中斜身，主要避上，主動頭節，動形較小，省力易動，反打較快，操縱靈便。一閃即打，可打襠，但戰距較長，可打頭，又易與敵上拳（臂）相碰，難發全力。所以正宜擊心，中門直去，既可致其傷，又因之反逼其勢，阻其續攻。閃打得手，乘勝追擊，可獲全勝。

圖1-225

十六、斜身斷板捶

1.雙方對峙，各立門戶，見機欲動。

2.敵突出上門重手，擊我頭臉。我急斜身避讓，閃開此招（圖1-226）。

3.同時順勢，前手砸捶，速擊近前敵軟肋（圖1-227）。

拳背硬骨，堅剛施力。彈動抖勁，快發快攻，一拳得手，再施重擊。此招主破敵前手上擊，順椿出形，肋骨側前，正宜砸打。

圖1-226

圖1-227

十七、斜身栽肋捶

1.雙方對峙，各立門戶，準備廝殺。

2.敵前手突出，向我上門擊來。我急斜身避讓（圖1-228）。

圖1-228

3.同時前臂擰轉，螺旋栽捶，曲中有直，拳打前肋（圖1-229）。

此招從敵外側擊肋，偏門出形，「力小走偏門」，敵悖節悖勢，很難封阻，我出手安全，避強擊弱。一招得手，可續發後圈重捶，乃最佳連打。此招主破敵前手順樁上門捶，而斜身栽心捶主破前手拗樁上門捶。

圖1-229

十八、吞身崩面捶

1. 敵我對峙，各擺戰架，準備格鬥。

2. 敵突出一招向我中門（心腹）打來，如栽捶、頂膝等，我察其手動，急向後吞身，俯腰撤胯，躲過此招（圖1-230）。

圖 1-230

3. 同時順勢，後手速出，崩打其面門諸要，傾身探背，高椿發勁。拳形立起，力在面指，快速抖發，立致其傷（圖1-231）。

避打反打，距離要調宜。閃躲時，為保險計，步可稍退；反擊時，步可稍進。總而言之，敵打我時要其打之不到，我打敵時要打之必到。

圖 1-231

十九、吞身圈身捶

1.雙方對峙，戰架準備。

2.敵突出一拳向我中門打來，我急向下彎腰，胯部後讓，中要後移，躲過敵招（圖1-232）。

圖1-232

3.同時後手順勢反擊，速出圈捶，擺打其側耳，拳心向裡，拳眼向上，力在拳面，從外向裡，曲弧發勁（圖1-233）。

閃躲開來，致敵勁老勢盡，不待其變，乘勢發力，一記重拳，轟震而去，中則重傷。從招數上講，是巧打；從勁力上講，是重擊。

圖1-233

二十、吞身砸鼻捶

1.敵我對峙，各擺戰架，伺機欲動。

2.敵突出一手，向我中要擊來，我急向下俯腰，吞胯後讓，閃過來勁。閃躲要準時，早則敵變，慢則挨打（圖1-234）。

圖1-234

3.同時順勢，前手上擊，反背砸捶，速傷其鼻骨，以使其劇疼，無法再戰，一舉敗敵（圖1-235）。

此招為巧打、快手、硬力、長勁。砸捶最快，彈抖而去，急發突至，上身趨前，探背伸頸，樁形提高，重心上移，手臂放長，拳心向裡，力在拳背堅骨，以硬擊軟，觸之即傷。

圖1-235

二十一、吞身栽面捶

1. 雙方對峙，準備格鬥。

2. 敵打我中盤，或肋或心或腹，我急吞身避勢，閃讓來拳（圖1-236）。

3. 同時前手借俯腰撤胯之勢，擰臂發力，打出栽臉重捶，猛力擊其臉、鼻諸要（圖1-237）。

圖1-236

發勁時，側身高樁，沉肩旋肘，曲直混合，沉重有力，殺傷強烈。此招專門對付中位直拳，用處很大。若栽臉有失，必能中敵臂上，下栽傷肢，打破來勢，即近同截打。

圖1-237

二十二、潛身栽襠捶

1.雙方對峙，各擺戰架。

2.敵突出上門重手，向我擊來，如直捶、勾拳、圈捶，或高踩或高掃等。我見其勢猛，向下急閃，蹲身潛形，矮椿避讓（圖1-238）。

3.同時順勢，前拳直指，栽沖其陰囊（圖1-239）。

圖1-238

潛身幅大，閃躲中上來招，原地下勢，正宜偷擊敵下門，主打襠部，中則重傷。但矮椿縮身，不易連變，必防腿擊，所以反打要快，儘快得手，方能萬全。發招時步幅不動，應用椿法，調節重心，近距靠身。

圖1-239

二十三、跪步指襠捶

1. 敵我對
峙，準備格鬥。

2. 其突出上
門重招，向我猛
擊。我急潛身下
閃，矮式避之
（圖1-240）。

3. 同時反
擊，順勢崩打，
後拳偷出，傷其
下襠（圖1-
241）。

椿法配合，
前腿彎曲，後腿
跪下，腳跟抬
起，重心前移。
貼身發力，矮椿
寸勁，快速急
動，閃電傷殺。

圖1-240

圖1-241

二十四、走閃單飛踩子腳

1.敵我對峙，各自尋機。

2.其突然撲進，上下猛擊，連招齊出，我急後退，整體讓位，空落狂勁，避其凶鋒（圖1-242）。

3.等其勢盡，不待其變，見機反擊。向前墊跳縱身，速出單飛踩子腳，重腿直踢敵膝節或中要（圖1-243）。

閃打之中，完全利用步法，整體皆動，大幅避讓，稱做「大閃」，戰距掌握，成為主要難關。退距太長，非常安全，但如在雙方對峙之勢，此時出擊，敵易察覺，不易成功。退距太短，又恐閃躲不開，也不易發勁發擊。不若小閃（僅利用身形、椿式）之巧妙易用。但大閃和小閃又是相互配用的。其中微妙，學者自悟。

圖 1-242

圖1-243

二十五、臨行背身撩陰腳

1. 敵我對峙。

2. 敵突撲進手，上中連環（如雙推掌等），我見其勢猛，上體急作大幅斜轉，翻背身形，閃避亂拳。眼法不變，察視不亂。重心後移，椿步下沉。也可後退步（一切閃打，除身法外，皆可用退步配合，應根據當時戰距而定）（圖1-244）。

3. 順勢反擊，近敵前腿同時從下向上用腳跟撩敵下陰。腳尖支地，原處起腳。雙手暗護，隱含封阻（圖1-245）。

「敗式拳法敗勢走，雖敗回馬用撩踢」，背身用腿，上體後避，非常安全。從下撩襠，攻其低要，非常難防。原地起腿，突然發力，隱形蓄力，能出奇制勝。

圖 1-244

圖 1-245

二十六、提閃斷膝腳

1. 雙方對峙。

2. 敵突出低腿（如勾腿、鑔腳等），向我下盤踢來，我急提前腿，讓過敵腳（圖1-246）。

圖1-246

3. 同時借勢，前腿猛力向下、向敵攻腿膝節狠狠踩去，腳掌斜臥，大面控制，傷其勁節，破其續攻（圖1-247）。

此招類似截攔（截攔制其半途，以力對力），擊其惰歸，其力用盡，其勢已老，用之省勁，踢之難逃。

圖1-247

二十七、閃踢二起腳

1. 敵我對峙，準備搏鬥，各擺戰架，尋機欲動。

2. 敵突發下盤腳法，向我前腿踢來（如勾、鑔等），我急提起小腿，彎懸膝節，閃開來招（圖1-248）。

圖1-248

3. 同時後腿跳起，向前彈擊而出，擊敵襠、心等（圖1-249）。

前腿一提即落，落則彎腰蓄勢，啟動後足。既閃躲了敵招，又能墊力於後踢，攻防合一。反應要敏捷，動作要協調，愈快愈妙。

圖1-249

二十八、雙縱單飛跺子腳

1. 敵我對峙，尋機欲動。

2. 敵突出掃腿向我下盤踢來。我急雙腿向上跳起，躲開此招（圖1-250）。

3. 同時空中起腿，猛然向敵頭部跺去。向上跳躍，兩腿彎曲，蓄力發腿，非常順勢（圖1-251）。

前腿出擊，最易操縱，敵伏地低掃，正宜打頭。跳躲、跺腳，要一氣呵成，不得脫節，看似兩動，實是同動。單飛腳主攻時，向前縱身飛腳，可拉長距離，增加衝勁。而反擊時，此招戰距正好，向上直跳即可。

圖1-250

閃打乃技擊巧打，主要分五種，各有偏重。一種斜閃，側身撤上，最宜重擊；二種仰閃，正身後仰，最宜腿攻；三種潛閃，蹲身下式，最宜偷下；四種走閃，配合步法，最為安全；五種吞閃，中讓小動，最宜圖上，但總以易閃易打為原則。在臨敵中，應根據敵方出形（長手短勁、拗椿順步、單發連環、虛實快慢等），隨機應變，適形傷殺，萬萬不能受固定招數的拘束。

圖1-251

第二章　擒拿絕招

擒拿術乃武術的要技，即利用骨節活動功能的局限和筋韌位置功能的弱點，依據逆反骨節和超限筋韌的原理，以爪功的扣、抓、擰、拉為基本手段，配合踢、打、跌、摔勁技，專門攻擊敵方的筋韌骨節。其效一可控勢困身，致敵功卸勁滯，無從發力抵抗，被擒拿獲；二可致敵筋節傷脫，劇烈疼痛。

擒拿既不同於踢打的直接明快，又不同於摔法的破椿倒身，且相異於跌法的放人致遠，而是一種獨特技擊術。其動作細膩，出形別緻，進勢曲折，靜中有動，柔中帶剛，暗勁多變，令人難測難防。

第一節　頸頜擒拿術

一、推

「抓髮沉勁仰下巴，後爪連手推掉它」。

1. 側身對敵，速伸左爪從敵右外側抓敵頭髮（圖 2-1）。

2. 左腳小進一步，右後腳跟進，左手将拉其頭髮向敵後用力，迫使其頭臉仰起（圖 2-2）。

3. 右手快速用掌根向斜上猛推，按其頜節，同時左爪向

圖 2-1

圖 2-2

下拉髮，並含回按控固勁
力。一推一拉，立使敵下
頜脫鉤（圖 2-3）。

二、劈

「抓髮拉勁近身前，
後手打出劈臉拳」。

1. 左側身進勢，速出
左爪向前正抓敵頭髮（圖
2-4）。

2. 沾髮即迅猛向敵後
下捋拉，右手同時向上、
向後舉起（圖 2-5）。

圖 2-3

圖 2-4　　　　　　圖 2-5

3.右捶從側向劈
出，打敵側臉頷節。
一拉一劈，直側縱
錯，立使敵下頷脫臼
（圖2-6）。

三、撲

「急出雙爪撲向
前，低頭背勢防備
難」。

1.側身對敵，伺
機出爪，向下捕抓敵
頭髮（圖2-7）。

2.兩爪合手抓拉
敵髮，帶動敵頭頸向
我下方猛勁按壓；迫
使其低頭前仆，以倒
地為佳（圖2-8）。

四、旋

「眼花頭暈脖子
斷，抓髮扣頷用力
旋」。

1.側身速出左
爪，從敵右外門抓敵
頭髮（圖2-9）。

圖2-6

圖2-7

圖 2-8

圖 2-9

2.逼步進身，右爪成鎖扣手扣按其下巴、頜，並向左方推轉其頜頸，抓髮的左手同時配合，在敵頭部圓轉，迫使敵頸節左側超度扭動，致其節損筋傷。若快力猛動，頸必立斷（圖 2-10）。

五、圈

「造勢圈夾敵人頸，控頭勒脖要人命」。

1.左手從右外抓擒敵手腕或肘節，並將其手腕向我左下方捋拉（圖 2-11）。

2.右手屈肘環抱，全臂滿纏敵方頸喉，向上提升貼緊，同時左手配合收抓己右腕，兩手合抱，纏喉愈收愈狠。既壓迫敵喉管，致敵呼吸急迫、窒息，又折傷其頸節（圖 2-12）。

圖 2-10

圖 2-11

圖 2-12

圖 2-13

六、定

「帶爪迫敵纏自
頸，抓髮拉沉把人
定」。

1. 我速出左爪從
敵左臂外側反擒抓其
手腕（圖 2-13）。

2. 速拉其腕節帶
臂連身向前、向外側
平迫動，使敵形成側
樁，身形前傾（圖
2-14）。

圖 2-14

3. 右手連出抓
髮，向前下猛力拉
扯。同時左手立爪向
敵肩上方推其腕，使
敵肘節彎曲，肩扭臂
回，自裹其頸。抓髮
裹頸，合固之勢，把
敵死死拉牢，一舉擒
伏（圖2-15）。

七、回

「纏擰敵臂彎頂
背，抓髮拉扯向後
回」。

1. 速出左爪，從
敵左臂外側反擒抓其
手腕（圖2-16）。

圖 2-15

圖 2-16

圖 2-17

2.隨即向外纏繞其腕連臂向內翻轉扭曲，以帶動其樁身扭轉（圖2-17）。

3.敵臂被擰至反背，速出右爪抓髮，向下、向後猛力拉扯。雙爪合力成招，致敵頸節後折，韌帶撕裂，頭皮疼痛，並連傷肩節（圖2-18）。

圖 2-18

圖 2-19

八、摟

「拉手進步近敵身，
夾腮悶耳擰脖筋」。

1. 速出右爪從敵右臂
外側反擒抓其手腕（圖
2-19）。

2. 速上左步，右爪回
拉敵腕帶，其身樁前傾；
左臂前伸，內探勾摟敵後
頸，以肘彎夾牢其頸節
（圖 2-20）。

3. 左爪變抓自己左

圖 2-20

腕，合力向內用力夾頸，愈緊愈佳。此招裹黏敵頸，既夾疼敵側頸筋、兩腮或耳門，致敵整頭不適，頭昏眼花，又可摔傷頸節（圖2-21）。

圖2-21

九、歧

「抓髮控勢制頭臉，連手急打點頜拳」。

1.我速出左爪從敵左外側擒抓其髮或肘腕（圖2-22）。

2.右手點拳，中指骨節突出發力，速向其側頜骨環處擊打，致敵嘴巴脫臼，不能言語（圖2-23）。

十、挑

圖2-22

「抓髮拉脖暗勁法，鐵臂挑打奔頸下」。

1.側身戰勢，速出右爪正下擒抓敵頭髮（圖2-24）。

圖 2-23

圖 2-24

2.速進左步，緊逼中門，同時以左前臂從下向上探黏敵前頸下部，右爪同時向後下拉配合。一挑一拉，立致敵頸節閉錯，頸筋受傷，巴下疼痛。如壓迫氣管，可使敵難以呼吸，喪氣失力，束手就擒（圖2-25）。

圖 2-25

十一、卡

「八字掌法奔頸下，拉扯沖卡帶鎖掐」。

1.尋機側出右爪正下捕抓敵頭髮（圖2-26）。

2.速進左步，同時左手前攻，翻手成八字掌，順勢用虎口探卡敵頸，右爪同時抓髮下拉配合。一拉一挑，

圖 2-26

立致敵頸筋疼痛，壓迫喉
管。再加鎖扣，可致敵窒
息（圖2-27）。

十二、封

「擰手拉髮出前臂，
專把氣門來封閉」。

1. 速出左爪從敵左臂
外側反抓其手腕節（圖
2-28）。

2. 左爪向外纏轉其
腕，連其手臂向內翻轉

圖 2-27

圖 2-28

圖 2-29

扭曲，致其反背向
我（圖 2-29）。

　　3.右手從敵頸右
前伸，用肘彎纏貼
敵前頸，前臂骨塞
填敵咽，向後夾合
收緊（圖 2-30）。

　　4.左爪同時變抓
敵頭髮，推其髮根
前送，與夾臂前後
交錯用力，加重壓
擠傷其頸喉（圖 2-
31）。

圖 2-30

十三、勒

「擰敵背勢力加臂，
如繩勒脖敵斷氣」。

1.速出左爪從敵左臂
外側反抓其手腕節（圖
2-32）。

圖 2-31

圖 2-32

圖 2-33

2. 左爪向外大力纏撐，致其反背向我（圖 2-33）。

3. 右手從敵頸右前伸，肘彎纏繞其前頸，向裡收緊，勒夾其喉節，同時左爪變抓自己右腕，成合形箍夾難逃之勢（圖 2-34）。

4. 上身後仰，髖節前送，傾擠敵臀，與上勒雙向合力，將敵死控，不得翻身。此招非常凶狠，敵不易解脫，反打也難，輕則神情

圖 2-34

昏然，束手就擒，重則壓迫氣道，氣閉昏迷（圖2-35）。

十四、提

「背擰成手掏陰囊，抓髮按頸趴當場」。

1.速出左爪從敵左臂外側捕抓其腕（圖2-36）。

圖 2-35

圖 2-36

圖 2-37

2.走邊門，左腿進步，右手變爪從敵臀後向內掏抓其陰囊，用力扯拉（圖 2-37）。

3.左爪隨即變手抓髮，與襠扣爪互相用力。上抬下壓，迫敵離地。敵要害被鎖扣，又失去根基，任我宰割（圖 2-38）。

十五、切

「抓頭扯頸向下拉，後掌劈切殺人法」。

1.側身伺機速出右爪，捕抓敵頭髮，正下捕

圖 2-38

拉（圖2-39）。

2.進逼一步，
或前探身樁，出左
掌向下猛力加劈敵
後頸，右抓髮手上
拉同勁配合，合力
分錯敵脖骨（圖
2-40）。

圖2-39

圖2-40

第二節　指腕擒拿術

一、攥

「正擒制住敵腕掌，攥住拇指斷當場」。

1.快速出左爪從敵外右準確捕抓其右腕，此時敵大拇指向上（圖2-41）。

2.抓腕之手向我方捋拉，右爪隨即攻擊，立手取攥其大拇指，猛力屈腕沉擠壓折，傷斷敵指節（圖2-42）。

二、扭

「抓正控牢奪拇掌，反攥扭斷傷當場」。

1.快速出左爪從右外準確擒抓敵右手外腕。此時敵大拇

圖 2-41

指在上，掌心向內（圖2-43）。

圖 2-42

圖 2-43

2.右手速出，平爪反掌取握敵大拇指，然後向內翻腕轉手，扭曲敵大拇指節，擰掰傷斷（圖2-44）。

三、挺

「手掌定式出擒抓，按住指梢用力壓」。

1.快速出左爪，從敵右外門捕抓其右手外腕（圖2-45）。

2.速出右爪扣抓敵手掌四指，由下向上向前反掰敵手掌關節，左手同時反向用力。挺腕折節，連傷腕肘，敵不堪疼痛（圖2-46）。

四、撬

「托爪支力手腕伸，反按手腕撬斷筋」。

1.左爪從敵外門捕抓敵右手外腕（圖2-47）。

圖2-44

圖 2-45

圖 2-46

圖 2-47

圖 2-48

2.速出右爪撲罩敵右手四指或手心內面，向下按壓翻扳，拉裂撕傷其腕節、指節（圖2-48）。

五、搓

「拉臂沉爪向地趴，踩搓手背用力踏」。

1. 速伸出右爪，從敵右臂外側捕抓其腕節（圖2-49）。

2. 右手同時進爪抓擒，兩爪用力向前猛然将拉其身體，左腳上步，向後絆敵膝節，致敵倒地前仆，然後用腳向下蹬碾其手背，致敵膚傷指殘（圖2-50）。

圖 2-49

圖 2-50

六、捫

「外抓定式不纏轉，向裡捫力斷裂腕」。

1. 我速出左爪從敵右臂外側擒抓其右腕（圖2-51）。

2. 速出右爪從掌背向下鎖扣擒抓，一觸敵腕即猛然向

圖 2-51

內、向下推壓。兩力集中一腕，敵腕必然斷裂（圖2-
52）。

圖 2-52

七、捲

「掌心向上裡反捲，合力到處斷喀然」。

1. 出左爪從敵右臂外側擒抓其右腕（圖2-53）。

2. 速出右爪從敵掌背側向上鎖，抓其掌背。一抓即猛然向上、向內翻推其腕節，與左爪回拉成對向合力，敵腕骨斷（圖2-54）。

八、掰

「學習此招參捫捲，兩下合力用勁掰」。

1. 速出左爪從敵右臂外側擒抓其右腕（圖2-55）。

圖 2-53

圖 2-54

2. 速出右爪，由下向上罩蓋抓鎖其整掌，一觸即猛向下

用力扳掰壓擠，與左爪齊力，斷裂敵腕節筋韌（圖2－56）。

圖 2–55

圖 2–56

九、翻

「纏絲勁力特剛強，翻背斷腕不能防」。

1. 速出左手，從敵左臂外側反抓其腕（圖2-57）。

2. 隨即纏擰，使其手臂翻轉，此時敵肘頭在上，掌心向上（圖2-58）。

3. 右爪速進捕抓敵掌背，順勢用力向內折屈敵腕節，立使其腕斷（圖2-59）。

十、夾

「內纏裡夾反肘手，抓推折腕逃不走」。

1. 速出右爪

圖2-57

圖2-58

從敵左臂外側捕抓其手腕節（圖 2-60）。

　2.前腿向前滑進一步，奪取正門，右臂屈肘夾合其肘部（圖 2-61）。

　3.左爪順向纏擰其左腕，迫其向外翻轉，成肘頭在上掌心向上形，右爪同時轉手從其掌背擒抓其整手，向內折壓敵腕節（圖2-62）。

圖 2-59

圖 2-60

圖 2-61

圖 2-62

十一、捋

「捋手單勁暗法巧，正得正好別用老」。

1. 我速出左手從敵左臂外側抓其手腕節（圖2-63）。

2. 一觸即發，左爪向後循敵腕頂骨拉回，捋住敵掌背根節，猛然抖動，致人腕節脫臼失力（圖-64）。

十二、纏

「裡纏協力小動形，暗勁殘腕動不能」。

1. 左爪從敵右臂外側捕抓其右腕（圖2-65）。

2. 右爪同時出擊抓拿敵整個手掌，並向外纏轉，左爪配合向內纏轉其腕骨，兩力共同分錯其腕手關節，致其劇疼（圖2-66）。

圖 2-63

圖 2-64

圖 2-65

圖 2-66

十三、挎

「挎臂制手近側旁，順勢收折難提防」。

1. 左爪從敵側門擒抓敵左腕關節（圖 2-67）。

2. 右手出擊，從敵左上臂下抄越，掌心向內，罩抓敵四指掌根及手背，手指緊扣；屈肘夾敵上臂稍後部，拉牢使之難縮（圖 2-68）。

3. 右爪猛然向內拉壓敵腕節，同時肘節回收，合力拉裂其手腕韌帶（圖 2-69）。

圖 2-67

圖 2-68　　　　　　　　　圖 2-69

第三節 臂肘擒拿術

一、托

「拉揚手臂專制肘，一托一沉真難受」。

1.我速出右爪從敵右外門擒抓敵右腕節（圖 2-70）。

2.右爪隨即向後、向上拉其臂直，然後爪腕挺起，纏動其手臂使之翻轉，迫其肘頭在下（圖 2-71）。

3.右腿向前進逼一步，左手變托掌，托住敵肘節，向上反推，右爪則反力向下帶腕沉降。一托一壓，敵之關節不勝我力而被制服（圖 2-72）。

圖 2-70

圖 2-71

圖 2-72

二、扛

「挺翻肘節中間看，身轉肩扛分兩段」。

1. 速出右爪從敵右臂外側擒抓其右腕節（圖2-73）。

圖 2-73

2. 右爪隨即向後向上拉腕，帶其臂直，然後爪腕挺起，纏動其手臂翻轉，迫使其肘頭在下（圖2-74）。

3. 左腿向敵內門進一步，隨即轉體以背部迎敵，左肩抵住敵肘用力向上扛起，同時左手也變爪抓敵前臂內側。上扛下壓，兩力反向作用，致敵肘節脫臼分

圖 2-74

離（圖2-75）。

三、架

「抓腕翻肘纏得
快，急出鐵臂架起
來」。

1.速出右爪從敵
右外門擒抓敵右腕
（圖2-76）。

圖2-75

圖2-76

2.右爪隨即向上拉其臂直，然後爪腕挺起，纏動其手臂翻轉，迫其肘頭往下（圖2-77）。

3.上身速趨進逼，同時左前臂屈肘用猛力向上頂沖其肘節，右爪配合向下拉腕，合力分錯（圖2-78）。

四、砍

「纏擰翻臂肘向上，發出寸勁劈切掌」。

1.速出左爪從敵左臂外側擒抓其左腕節（圖2-79）。

2.左爪隨即向內纏擰，迫使其手臂向後翻轉，並拉腕帶其臂下沉直伸，使敵肘彎在

圖2-77

圖2-78

圖 2-79

圖 2-80

下，肘頭在上
（圖2-80）。

3.速出右掌
向下切擊敵肘
節，左手同時稍
上拉帶，猛力快
勁，敵肘一中即
折（圖2-81）。

圖 2-81

五、拍

「纏腕撑臂
肘翻上，再出拍手把敵傷」。

1.速出左爪從敵左臂外側擒抓其左腕節（圖2-82）。

2.左爪隨即向內纏動拉其腕節，迫使其臂向後翻轉並下

圖 2-82

沉直伸，成肘頭在上勢（圖2-83）。

　　3.急出右掌向下罩蓋拍擊其肘節正中，致其分肘錯筋（圖2-84）。

圖 2-83

圖 2-84

六、壓

「先施纏絲有妙用，後壓中肘不能動」。

1. 伸出左爪從敵左臂外側捕抓其腕（圖2-85）。

2. 左爪隨即向內纏動，迫其手臂翻轉並下沉伸直，使其肘頭在上（圖2-86）。

3. 左腿緊逼，右臂彎曲用前臂壓砸敵肘節，左爪同時提拉。一壓一提，固其肘節，難再動彈（圖2-87）。

七、按

「纏轉翻肘頭在上，速出按招八字掌」。

1. 速出左爪從

圖 2-85

圖 2-86

敵左臂外側擒抓左腕（圖2-88）。

圖 2-87

圖 2-88

2.左爪隨即向內纏動，迫其手臂後翻並下沉直伸，肘頭在上（圖2-89）。

3.右手速出成反形八字掌，又按敵肘，向下用力沉壓，左爪配合抬升，上下分力錯骨（圖2-90）。

八、砸

「纏絲造勢難破解，鐵肘砸肘斷兩截」。

1.伸出左爪速擒敵左腕（圖2-91）。

2.左爪隨即向內纏動拉帶敵腕節，迫使手臂翻轉，肘頭在上（圖2-92）。

圖2-89

圖2-90

圖 2-91

圖 2-92

圖 2-93

3.左腿進步，同時右前臂向下猛力砸擊敵肘節（圖2-93）。

九、罩

「多個勁力齊發動，一臂三節全被控」。

1.速伸右爪從敵右臂外側擒抓其腕（圖2-94）。

圖 2-94

2.左爪也擒抓，與右爪同動纏轉，合力迫敵手臂翻轉，肘頭在上（圖2-95）。

3.左肘隨纏拉動作過其肘夾合，上臂緊勒其肘頭，前臂

勾靠其前臂，上體猛然向前、向內大力沉墜。輕則制敵一臂，三節皆控，重則撕裂其腕筋，挫傷其肘節（圖2-96）。

圖 2-95

圖 2-96

十、騎

「騎肘錯骨招奇妙，拽住坐住跑不掉」。

1.速出右爪從敵右臂外抓擒右腕（圖2-97）。

2.右爪隨即向內纏轉，迫其手臂下沉伸直翻轉，肘頭在上（圖2-98）。

圖2-97

圖2-98

圖 2-99

3.左腳飛起，越過敵臂（圖2-99）。

4.左腳落地，身形倒轉，臀骨坐敵肘上，向下用力沉壓，左手同時變爪抓敵左臂，與右爪合力，向上提拉。上提下坐，雙向用力，分錯肘節（圖2-100）。

圖 2-100

十一、蓋

「纏撑敵肘
反背形，蓋壓制
伏功勁整」。

1.速伸右爪
從敵右臂外側擒
抓其腕（圖 2–
101）。

2.右爪隨即
內纏，左手也變
爪，抓腕協力，
迫使其手臂翻
轉，然後合拉其
臂伸直，其肘頭
向上（圖 2–
102）。

圖 2–101

圖 2–102

3. 纏拉中我左肘節必隨動運轉於敵肘頭前後，即以前臂蓋其肘節，向下猛力沉壓，敵肘節輕則受控，重則斷肘裂筋（圖2-103）。

圖 2-103

十二、撞

「肘打剛勁凶神藏，以肘撞肘把敵傷」。

1. 速出右爪從敵右臂外側擒抓其腕節，此時敵肘頭向外（圖2-104）。

圖 2-104

2.右爪急速後拉，使敵臂伸直，同時右前臂立起，從外向內橫肘撞擊敵肘頭，猛力所至，立使敵肘彎翹起，肘頭深陷，肘骨脫臼（圖2-105）。

十三、靠

「潛身靠近敵身旁，探喉鎖扣把人傷」。

1.伸出右爪從敵左臂外擒抓其腕節（圖2-106）。

2.右腿隨即進敵左側門，同時右爪向上、向後拉其腕直，頭部從敵左臂下穿過到敵左外側，並以腦後部抵其肘節，左爪則連動直鎖敵喉管（圖2-107）。

圖2-105

圖2-106

十四、剪

「猝然冷動節分錯，切手剪肘兩力合」。

1. 速出右爪從敵內側擒抓敵右腕（圖2-108）。

圖 2-107

圖 2-108

2.一抓即拉，迅速拉其臂使其肘直，此時敵肘頭在外。左掌急出，橫側向裡切打敵肘節，同時右爪向外推力，雙向合勁如剪刀剪物，致敵肘傷（圖2-109）。

十五、盤

「越臂盤肘向外扭，鱉肘悖節真難受」。

當擒抓敵腕，敵彎肘縮臂欲逃時，立進逼一步，奪敵正門，右手臂彎曲，從其右臂下穿越，然後向內夾合敵上臂，右爪去抓鎖敵整個右手。同時以右肘彎為支點，向外扳旋，配合左爪。如此合手扭別，必致臂肘滾筋，傷殘難動（圖2-110）。

圖2-109

圖2-110

圖 2-111

十六、擰

「擒拿常用纏
絲法，擰即大纏勁
堪誇」。

1. 速出左立爪
抓敵右腕（圖 2-
111）。

2. 左爪觸則向
外纏轉其尺骨，帶
其橈骨，迫其交錯
扭曲，右手也變爪
抓前臂配合。兩爪合力制敵（圖 2-112）。

圖 2-112

十七、搬

「提抓外拉傷肘肩，得手用勁大力搬」。

1. 速出左爪，捕抓敵右腕節（圖2-113）。

2. 右手出擊，用爪從下向上，提勾敵肘，向內、向上搬起，左爪同時向外、向下纏擰。合力制敵肘，扭曲肘節，愈搬愈傷，連帶肩、腰（圖2-114）。

圖2-113

十八、扳

「外扳錯肘真輕巧，筋滾臂疼跌後腦」。

1. 速出左爪擒抓敵右腕節

圖2-114

圖 2-115

（圖2-115）。

2.左爪抓觸即行纏扭，向外施勁，迫敵腕臂屈肘折彎，同時右腿緊上一步，右手從敵右上臂下向外抄起，屈肘上勾，用肘彎挎靠上臂（圖2-116）。

3.左爪繼續施力卷壓，至右手觸勾敵尺骨而成雙手合勁制勢，右肘隨動上招反撬別敵肘。爪肘前後交錯，扭

圖 2-116

疼其肘根，以求
其筋滾裂，連帶
整臂。大幅則
倒，重跌後腦
（圖2-117）。

十九、捧

「內纏小肘
向上送，撕筋裂
節不能動」。

1. 出右爪擒
抓敵右腕（圖
2-118）。

2. 抓腕手一
觸即纏，另一手
也變爪抓其前
臂，雙爪合勁順
勢纏擰緊控，暗
擠前推，托舉合
之。敵上、前臂
筋必被極度拉
緊，肘節全控。
繼續加力則筋韌
撕裂(圖2-119)。

圖2-117

圖2-118

二十、絞

「曲臂絞扭專傷
肘，貼身雙爪協妙
手」。

1. 左爪抓敵右
腕，得手即上右步，
同時右爪速順敵右肘
下插進，以前臂夾敵
肘。左爪向前、下、
外反折搬擰（圖2-
120）。

圖2-119

圖2-120

2. 繼續外別，至右爪抓搭自己右腕，方完成反鎖捆別定式。幅度漸大，敵肘節傷損為止（圖2-121）。

圖 2-121

二十一、瘤

「按擠上勁鎖如鉗，撩陰一腳敵命完」。

1. 速出左爪抓敵右腕（圖2-122）。

2. 右手從敵被抓手臂下急捕捉敵左手腕節

圖 2-122

（圖2-123）。

3.一捉即猛然回手拉捋，幅度愈大愈佳，將敵前臂拉壓在被抓臂肘彎上，以此為支點，前手推沖敵前臂向內合擠。兩手合力，將敵雙肘閉封一起，牢牢箝制（圖2-124）。

圖 2-123

圖 2-124

第四節　肩根擒拿術

一、扒

「扒臂周身齊發功，肩掉手臂不能動」。

1.速出右爪從敵右臂外側擒抓右腕（圖2-125）。

圖2-125

2.速潛身進步，左手向前上方出擊，以臂肘內側壓低敵肩節，向下、向內猛力拉勾沉扭（圖2-126）。

3.右爪去抓自己左腕，成合力之勢，致敵傾身前仆，肩筋拉傷，劇疼失力，關節分錯（圖2-127）。

圖2-126

二、叉

「轉掀叉肩用
勁壓，肱骨脫臼疼
趴下」。

1. 速出右爪從
敵右臂外抓其右腕
（圖2-128）。

2. 左腳側進一
步，同時左手八字
掌，以虎口插按敵

圖2-127

肩節，向下推壓，右爪配合拉臂纏腕轉肩，一按一轉，一壓
一掀，即可卸掉敵肩膀（圖2-129）。

圖2-128

三、墜

「猛勁拖墜肩出窩，手臂疼得不能摸」。

1. 伸出左爪從敵臂外側擒抓其左腕（圖2-130）。

2. 右腿跟進一步，右爪速出配合前手從外向內勾抱敵肘節，然後雙爪抓緊猛

圖2-129

下拉墜敵整臂，身體下沉，樁步愈低愈佳。專門對付身高臂長者（圖2-131）。

圖2-130

3.再猛然起身，向上推送；一沉一舉，終傷筋節（圖
2-132）。

圖 2-131

圖 2-132

四、跪

「合力掀壓斷人
肘，膝跪肩根雙爪
擰」。

1. 速出右爪，從
敵右臂外側抓其右腕
（圖 2-133）。

2. 右爪隨即向內
纏腕拉臂，迫使敵身
形倒轉，反背向我
（圖 2-134）。

圖 2-133

圖 2-134

3.右爪繼續外旋內擰，與左爪配合推壓敵肘節，使敵彎腰仆身，將肩節拉開。左膝提起，膝頭向肱骨上端肩外跪壓。上拉下壓；相向合力，肩滾肘錯（圖2-135）。

五、攀

「一臂三節兩合勁，纏爪踩腿上肩根」。

1.速伸右爪從敵右臂外側抓其右腕（圖2-136）。

2.右爪隨即向內纏轉，迫敵臂翻臂直，身形側向（圖2-137）。

3.左手隨即變爪抓其肘節，向下用力壓按，敵肘節受力，體必前傾，我左腳即順勢踩踏敵上臂後（圖2-138）。

圖 2-135

圖 2-136

圖 2-137

圖 2-138

六、轉

「直肘纏擰大旋轉，肩掉筋脫手臂完」。

1. 右爪速出抓其右腕節（圖 2-139）。

2. 得手即後拉其臂直，同時外纏，左手也變爪向前伸出抓鎖其臂肘，兩手同動，加大力度，終能致敵折肩斷臂（圖 2-140）。

圖 2-141

圖 2-140

圖 2-141

七、繞

「臂疼肩痛手肘斷，
立爪勾臂撲中間」。

1.速出右爪從敵左臂
內上方向外下方擒抓（圖
2-141）。

2.右爪隨即向外、向
上纏帶其臂，使其肘彎向
下，左手及前臂從敵左臂
下穿過，肘彎置於其左肘
處，前臂立起，左腿進步
配合（圖2-142）。

圖 2-142

3.右爪推其臂向背彎曲，左前臂勾帶其肘節向內收緊。兩下合力，致敵左臂彎曲扭轉，肩部極疼，不能動彈，重則斷臂（圖2-143）。

圖 2-143

八、掀

「雙爪合掀出妙手，招到術成逃不走」。

1.速出右爪從敵左臂內抓腕（圖2-144）。

圖 2-144

2.左腿進敵正門，緊逼一步，右爪隨即向外纏帶敵左臂。我左臂彎曲下垂，從敵左臂上方用肘彎壓蓋其肩節（圖2-145）。

3.右爪繼續纏擰，左肘彎下壓敵肩，同時用力迫敵手臂扭曲翻轉，直到我左爪抓接自己右腕，完成雙爪制臂擒拿勢（圖2-146）。

圖 2-145

九、楔

「使上纏絲敵倒轉，一拳砸得肩胛斷」。

1.速伸右爪，從敵右臂外側擒抓其腕節（圖2-147）。

2.右爪連動向內纏腕拉臂，迫敵倒轉，左腳跟進，左捶向下猛力砸擊敵後肩胛骨（圖2-148）。

圖 2-146

圖 2-147

圖 2-148

圖 2-149

十、捆

「如繩捆柴真絕招，纏腕鎖喉膝頂腰」。

1. 速出右爪從敵右臂外抓其右腕（圖 2-149）。

2. 右爪隨即向內擰轉其臂，大力加幅以撕傷敵肩，左爪繞頸鎖扣敵咽喉配合，右膝順勢提膝猛力頂打敵後腰（圖 2-150）。

圖 2-150

十一、插

「逆纏制臂不得反，探掌插向肩肘間」。

1. 右爪從敵左外抓敵左腕（圖2-151）。

2. 得手後即擰腕帶肘，左手同抓協勁增力（圖2-152）。

3. 左手變掌，從敵左肘彎下面插掌直伸，抓按或勾壓敵背肩。手壓肘撬，招成輕則控牢三節，敵整手難動，連帶腰節，重則大幅施力，撬傷肩筋，終能掉肩（圖2-153）。

圖2-151

圖2-152

圖 2-153

第五節　腰髖擒拿術

一、鑔

「提爪拉臂為挫髖，鑔腿直出大腿邊」。

1.速伸右爪，從敵右臂外側擒抓敵右腕節（圖 2-154）。

2.再出左爪鎖抓臂節，與右爪齊力向上捋拉，領動敵全身，使敵身形漸起，椿步抬升，膝節前傾欲直，不得縮腰（圖 2-155）。

3.速出左腿鑔踢敵大腿前髖，上提下鑔，挫傷其髖節腿筋，連帶小腿筋及膝節（圖 2-156）。

圖 2-154

圖 2-155

圖 2-156

二、固

「擰手按肘出鑱
腿，合力成形動不
得」。

1. 伸出右爪從敵右
臂外側抓腕（圖2-
157）。

2. 右爪得手即向內
纏轉，迫其手臂背轉，
直伸併肘頭在上（圖
2-158）。

3. 左腿順勢出鑱

圖 2-157

腳，鏟其前髖，致其前仆，左手變爪抓肘壓按，既傷肘節，又配合鏟腳繼續壓制。如此齊動，必固其身（圖2-159）。

圖2-158

圖2-159

三、踩

「纏擰制敵側身轉，一腳踩向腰髖間」。

1.伸出左爪，從敵左臂外側擒抓其腕部（圖2-160）。

圖2-160

2.一抓即纏腕帶臂，連肩動體，迫敵側身。纏勢完成，右爪緊出，鎖抓敵肘節，與左爪齊力向上捋拉敵手臂，使敵身形漸起，膝節欲直前傾（圖2-161）。

3.速出右腳向敵大腿根猛力踩擊（圖

圖2-161

2-162）。

四、蹬

「纏爪蹬腳打
腰邊，上傷肩筋下
傷髖」。

1. 速出左爪，
捕抓敵左腕節根
（圖 2-163）。

2. 一抓即擰，
迫敵手臂翻轉，身
形迫成倒勢，並繼
續掀提，令其肩節疼痛而探背起身（圖 2-164）。

3. 速出右腳向敵髖後節猛力蹬踹，右爪配合抓肘，雙爪

圖 2-162

圖 2-163

圖 2-164

牢控，向上提拉，交
錯用力，下傷髖節，
上傷肩筋（圖 2-
165）。

五、撕

「一腿蹬抵雙手
拉，髖錯襠開撕裂
它」。

　　1.速進左爪抓敵
腳腕（圖 2-166）。

　　2.右爪也速出捕
抓與左爪合力向上、

圖 2-165

圖 2-166

向後猛然拉
帶，同時出右
腳蹬抵敵大腿
部。兩相合
力，既可分錯
敵髖節襠筋，
又可致敵摔
跌。死死抓
鎖，放大放
開，一撕到底
（圖 2-167、
168）。

圖 2-167

圖 2-168

六、鱉

「雙爪纏抓敵反背，一腿蹬腰動不得」。

1.左爪抓敵左腕（圖 2-169）。

2.一抓即行
纏轉，致敵身形
背勢倒反，右爪
乘勢速出抓鎖敵
另腕，向後上方
拉帶，同時出腳
蹬敵後腰，立致
敵脊椎錯位（圖
2-170）。

圖 2-169

圖 2-170

第六節　腿膝擒拿術

一、臼

「要想敵腿不能走，膝頭托起用肘砸」。

1.左手托抓敵左腿外側（圖 2-171）。

2.後腿急上一步，同時速提右肘向下猛力砸擊敵左腿膝蓋，左爪向上、向後提拉敵腿，反向合力以致敵膝蓋損碎，關節傷脫（圖 2-172）。

二、拐

「拐肘發勁最凶狠，側膝挨打倍傷損」。

圖 2-171

圖 2-172

圖 2-173

1.速出左爪托抓
敵左小腿外側（圖
2-173）。

2.左爪一抓即
拉，側向用力平帶敵
腿，急上一步，同時
右肘猛力拐打敵膝
側。一拉一拐，迫敵
膝節側扭斷裂（圖
2-174）。

圖 2-174

三、擺

「側膝擺擊敵側膝，要想傷人必須急」。

1.先出左爪托抓敵左小腿外側（圖2-175）。

2.左爪一抓即拉，側向用力平帶敵腿，右爪同抓協拿，在敵腿上方抓握並向內拉，同時起右膝擺擊敵膝節側面。一拉一擺，致敵膝筋扭撇，傷疼難行（圖2-176）。

四、坐

「抱住敵膝臀下坐，一下致人筋節挫」。

1.先出左爪托抓敵左小腿外側（圖2-177）。

2.速連出右爪從敵踝上方越過，與左爪呈雙抓擒腿之勢，同時起右腿從敵腿上方提掃起越（圖2-178）。

圖2-175

圖 2-176

圖 2-177

圖 2-178

3. 用臀部猛力向下壓坐敵膝關節，雙爪用力上提，合力傷敵膝節（圖 2-179）。

圖 2-179

圖 2-180

五、擔

「用肩擔起敵
大腿，爪挫膝疼向
後睡」。

1. 急出左爪托
抓敵左小腿外側
（圖 2-180）。

2. 左爪速用力
上拉其踝，提至肩
高（圖 2-181）。

圖 2-181

圖 2-182

3.前腿滑進，用左肩扛敵小腿，兩爪則相扣猛力下拉，壓按膝蓋，力大節傷（圖2-182）。

六、踩

「對準膝蓋用踩蹬，分法錯法要分清」。

1.速出左爪抓敵左腕（圖2-183）。

圖 2-183

2.右爪速抓敵左肘，與左爪協同向後上方捋拉其臂，同時右腳猛力蹬踩敵左膝節，致其傷脫。若正踩膝蓋是擒拿「分法」，踩膝蓋上緣是「錯法」（圖2-184）。

七、踹

「打法擒法不用分，踹斷膝節就是真」。

1.先出左爪擒敵左手腕（圖2-185）。

圖2-184

圖2-185

2.再出右爪抓
敵肘節，雙爪回
拉，同時速出右腳
踹踢膝節（圖2-
186）。

八、舉

「高舉敵腿向
後倒，傷筋動骨跌
後腦」。

1.速出左爪托
抓敵左踝節（圖
2-187）。

圖 2-186

圖 2-187

2.右爪速出抓蓋其左膝向下拉按，左爪同時托舉，上下交錯，挫敵膝節和強力取直（圖2-188）。

3.左爪繼續向上、向內大幅度高舉敵腿，迫其仰身後倒（圖2-189）。

4.敵終後倒，速跟步進腿，用左腳踩踏敵右膝節。雙爪繼續用力推舉，肩扛貼、胸擠貼、肘夾抱，拉裂其膝節韌帶（圖2-190）。

圖2-188

圖2-189

九、格

「格別推爪用大勁,不傷膝筋傷踝筋」。

擒敵膝節時,敵受力轉身,必企圖消勁離手,此時可用另肘橋向下格置敵膝後,黏貼用力收緊,抓踝之爪,反向前推,合力折別,致敵膝筋撕裂和骨節損傷(圖2-191)。

圖2-190

圖2-191

圖 2-192

十、捺

「翻手斜形用捺
掌，大力打在敵膝
上」。

1.伸出右爪，從下
向上、從外向內托抓敵
腳踝（圖2-192）。

2.左腿進步，同時
左手變掌向下猛力捺擊
敵膝關節，外使敵膚和
膝蓋磨搓受傷，內使敵
膝節滾筋，關節移位
（圖2-193）。

圖 2-193

十一、趴

「反勢抱腿撕趴下，再用腳法來制它」。

1. 速出左爪捕抓敵左外腕（圖2-194）。

2. 左臂擰旋，迫敵身形倒轉，同時低樁潛身，右爪帶肘抓鎖摟抱敵右小腿（圖2-195）。

3. 左爪也鬆腕變抓抱敵左腿，與右爪向後收緊勒帶，肩節側部猛力向前抵沖敵後股。一拉一頂，敵前趴倒地（圖2-196）。

4. 雙爪各自施力抓腿，疊曲敵雙腿，右腳壓左腳，隨即起身，左腳跟上，猛力

圖2-194

圖2-195

蹬踩其右踝，既折傷敵側踝骨和膝節，又壓制了敵雙腿，不得動彈，乖乖受擒（圖2-197～199）。

圖 2-196

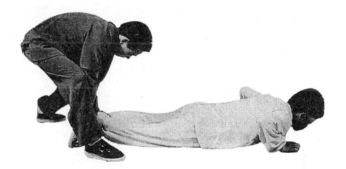

圖 2-197

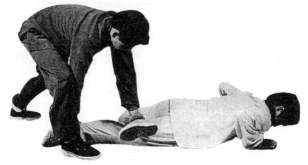

圖 2-198

圖 2–199

第七節　踝趾擒拿術

一、別

「外擰腳掌能傷踝，以手制腿招須快」。

1.左爪托抓敵右踝節（圖2-200）。

2.右手速出，抓敵腳上趾節，與左爪用力同動向外擰扳敵踝節，致敵節筋傷損（圖2-201）。

二、捌

「纏擰腳掌向外捲，筋翻身歪側身跌」。

1.速出左爪托抓敵踝節，一抓即拉（圖2-202）。

圖 2-200

圖 2-201

圖 2-202

2.右爪連出抓
擒敵腳上趾節,與
左爪同時用力向外
擰捌敵踝節,致敵
節筋傷損(圖 2-
203)。

圖 2-203

圖 2-204

三、抬

「翻身擒腿突然抬，冷然一勁扛斷踝」。

1.左手抓擒敵左踝，牢牢控制，帶拉有力（圖 2-204）。

2.右爪連出，抓敵腳前掌，同時前進一步，右肩進貼敵腿下托扛。左爪也變抓敵腳前掌，兩手扒住敵左腳面，向下猛然用力，使敵踝節脫位骨折（圖 2-205）。

圖 2-205

圖 2-206

四、抱

「摟臂抱腳
非常妙，仰勁撕
筋嗷嗷叫」。

1. 速出左爪
托抓敵右腳踝
（圖 2-206）。

2. 左爪抓踝
猛力牽拉至我腋
前，同時右爪與
左爪合攏成雙
抱，右前臂從敵

圖 2-207

踝下靠黏滿貼，將
敵踝下小腿牢牢固
抱（圖2-207）。

　　3.臂手緊收，
身向後仰，右上臂
壓敵腳面，前臂勾
抬其小腿後部，雙
手以此為支點猛力
帶動雙臂施勁，立
致敵跟腱斷裂（圖
2-208）。

圖2-208

五、捂

　　「捂指傷踝不用巧，沒有大力傷不了」。

　　1.左爪
托抓敵右腳
踝，拉其腿
直（圖2-
209）。

圖2-209

2.右爪連出抓拉敵前腳掌，向下按壓，左爪控踝上提。一壓一提，致敵踝前筋韌拉傷（圖2-210）。

六、揚

「揚臂拉爪腳腱疼，不用大力是不行」。

1.速出左手抓敵右腳掌，正勢立擒（圖2-211）。

圖 2-210

圖 2-211

2.右前臂提肘節，打貼敵右後跟腱，左爪同時下拉，前臂上提，分錯敵跟腱腳筋（圖2-212）。

七、勾

「勾爪推爪合力發，撕傷踝筋往前趴」。

當擒拿敵腿時，敵常反身脫力，我則一爪抓拿敵腳前掌，向前推送，另手前臂收緊貼壓敵後跟腱，向後猛力勒合，雙向合力，傷敵腳踝腳筋（圖2-213）。

圖 2-212

圖 2-213

八、碾

「踏住腳面用力碾，筋傷趾殘難動彈」。

1. 伸左爪從敵左臂外側捕抓其腕（圖2-214）。

2. 右爪連出抓肘配合，同時右腳向前邁進，腳尖稍提，前腳掌直奔敵左腳面腳趾，踩定後即以前腳掌旋轉發力，捻搓敵腳。輕則致敵腳面膚傷，小筋皆損，重則趾節斷殘，進退不能（圖2-215）。

圖 2-214

九、扎

「敗勢臨走來一下，拖步翻腿用腳扎」。

1. 速出左爪，從敵左臂外側擒抓其腕節（圖2-216）。

圖 2-215

2. 突然轉身，側勢提右腿，腳尖猛然向下扎踢敵腳面趾骨。兩爪拉控配合，隱招難防（圖2-217）。

十、震

「大力震腳踩腳面，五趾骨節全錯斷」。

圖 2-216

1.左爪捕抓敵左腕（或肘或肩或腰），即拉使其上身前傾（圖2-218）。

圖 2-217

圖 2-218

2.左爪連出抓肘後拉，猛然提起右腳向側下大力震腳，用腳跟狠跺敵腳趾腳面，致敵趾殘筋裂（圖 2-219）。

圖 2-219

結束語

此書結束，**聊贅數語**。

本門因其形擬七仙，故名七仙門，作為一種武術的代號，亦是為了製譜和稱謂的方便。這僅是創始者個人的決定，萬萬不能被其束縛，重要的是實際的技術和功夫。

練習技擊術的目的是為了善戰，要想取得這種本事，習練者須長時間的苦練和體悟。苦練是根本，銳志持恆是功夫上身的惟一途徑，而在苦練的過程中還要加上習練者體認和悟性，這樣才能提高練拳的質量和深度，本書已經講解了七仙門正宗的練法，而怎樣去悟呢？「依形出形，隨形變形，不拘不束，七形無形」是得道的真訣。

七仙門是一門極重實戰的拳法，其終極的目的在於殺傷敵體，在武術中雖然是精絕所在，但只能用作自衛。猶如國家的核武器一樣，非常厲害但又不能輕施。故本門有戒：「不為救命不傷殺，留作絕學入玄化」，修煉傷殺的功技，而不去傷殺，才是武學大道的求真者。

七仙門是一種秘門家傳武學，長期封閉於一隅，多年隱潛於武林，所以非常需要眾多名家的提攜，非常需要各派名師的指教，非常需要愛武者的繼承與發揚，筆者致力挖整，志在於此，若能如願則為本門之大幸。但水準所限，諸多缺憾，今後有機會再行補正。

大展出版社有限公司
品冠文化出版社

圖書目錄

地址：台北市北投區（石牌）
　　　致遠一路二段12巷1號
郵撥：01669551＜大展＞
　　　19346241＜品冠＞

電話：(02) 28236031
　　　28236033
　　　28233123
傳真：(02) 28272069

・少 年 偵 探・品冠編號 66

1. 怪盜二十面相	（精）	江戶川亂步著	特價 189 元
2. 少年偵探團	（精）	江戶川亂步著	特價 189 元
3. 妖怪博士	（精）	江戶川亂步著	特價 189 元
4. 大金塊	（精）	江戶川亂步著	特價 230 元
5. 青銅魔人	（精）	江戶川亂步著	特價 230 元
6. 地底魔術王	（精）	江戶川亂步著	特價 230 元
7. 透明怪人	（精）	江戶川亂步著	特價 230 元
8. 怪人四十面相	（精）	江戶川亂步著	特價 230 元
9. 宇宙怪人	（精）	江戶川亂步著	特價 230 元
10. 恐怖的鐵塔王國	（精）	江戶川亂步著	特價 230 元
11. 灰色巨人	（精）	江戶川亂步著	特價 230 元
12. 海底魔術師	（精）	江戶川亂步著	特價 230 元
13. 黃金豹	（精）	江戶川亂步著	特價 230 元
14. 魔法博士	（精）	江戶川亂步著	特價 230 元
15. 馬戲怪人	（精）	江戶川亂步著	特價 230 元
16. 魔人銅鑼	（精）	江戶川亂步著	特價 230 元
17. 魔法人偶	（精）	江戶川亂步著	特價 230 元
18. 奇面城的秘密	（精）	江戶川亂步著	特價 230 元
19. 夜光人	（精）	江戶川亂步著	特價 230 元
20. 塔上的魔術師	（精）	江戶川亂步著	特價 230 元
21. 鐵人Q	（精）	江戶川亂步著	特價 230 元
22. 假面恐怖王	（精）	江戶川亂步著	特價 230 元
23. 電人M	（精）	江戶川亂步著	特價 230 元
24. 二十面相的詛咒	（精）	江戶川亂步著	特價 230 元
25. 飛天二十面相	（精）	江戶川亂步著	特價 230 元
26. 黃金怪獸	（精）	江戶川亂步著	特價 230 元

・生 活 廣 場・品冠編號 61

1. 366 天誕生星	李芳黛譯	280 元
2. 366 天誕生花與誕生石	李芳黛譯	280 元
3. 科學命相	淺野八郎著	220 元

1.	脂肪肝四季飲食	蕭守貴著	200元
2.	高血壓四季飲食	秦玖剛著	200元
3.	慢性腎炎四季飲食	魏從強著	200元
4.	高脂血症四季飲食	薛輝著	200元
5.	慢性胃炎四季飲食	馬秉祥著	200元
6.	糖尿病四季飲食	王耀獻著	200元
7.	癌症四季飲食	李忠著	200元

・彩色圖解保健・ 品冠編號 64

1.	瘦身	主婦之友社	300元
2.	腰痛	主婦之友社	300元
3.	肩膀痠痛	主婦之友社	300元
4.	腰、膝、腳的疼痛	主婦之友社	300元
5.	壓力、精神疲勞	主婦之友社	300元
6.	眼睛疲勞、視力減退	主婦之友社	300元

・心 想 事 成・ 品冠編號 65

1.	魔法愛情點心	結城莫拉著	120元
2.	可愛手工飾品	結城莫拉著	120元
3.	可愛打扮 & 髮型	結城莫拉著	120元
4.	撲克牌算命	結城莫拉著	120元

・熱 門 新 知・ 品冠編號 67

1.	圖解基因與 DNA	（精）	中原英臣 主編	230元
2.	圖解人體的神奇	（精）	米山公啟 主編	230元
3.	圖解腦與心的構造	（精）	永田和哉 主編	230元
4.	圖解科學的神奇	（精）	鳥海光弘 主編	230元
5.	圖解數學的神奇	（精）	柳 谷 晃 著	250元
6.	圖解基因操作	（精）	海老原充 主編	230元
7.	圖解後基因組	（精）	才園哲人 著	

・法律專欄連載・ 大展編號 58

台大法學院　　　　法律學系／策劃
　　　　　　　　　法律服務社／編著

1.	別讓您的權利睡著了(1)	200元
2.	別讓您的權利睡著了(2)	200元

・武 術 特 輯・ 大展編號 10

1.	陳式太極拳入門	馮志強編著	180元

3. 梁派八卦掌（老八掌）　　　　李子鳴 遺著　220 元
4. 少林 72 藝與武當 36 功　　　裴錫榮 主編　230 元
5. 三十六把擒拿　　　　　　佐藤金兵衛 主編　200 元
6. 武當太極拳與盤手 20 法　　　裴錫榮 主編　220 元

・少 林 功 夫・大展編號 115

1. 少林打擂秘訣　　　　　德虔、素法 編著　300 元
2. 少林三大名拳 炮拳、大洪拳、六合拳　門惠豐 等著　200 元
3. 少林三絕 氣功、點穴、擒拿　　　德虔 編著　300 元
4. 少林怪兵器秘傳　　　　　　素法 等著　250 元
5. 少林護身暗器秘傳　　　　　素法 等著　220 元
6. 少林金剛硬氣功　　　　　　楊維 編著　250 元
7. 少林棍法大全　　　　　德虔、素法 編著

・原地太極拳系列・大展編號 11

1. 原地綜合太極拳 24 式　　　胡啟賢創編　220 元
2. 原地活步太極拳 42 式　　　胡啟賢創編　200 元
3. 原地簡化太極拳 24 式　　　胡啟賢創編　200 元
4. 原地太極拳 12 式　　　　　胡啟賢創編　200 元
5. 原地青少年太極拳 22 式　　胡啟賢創編　200 元

・道 學 文 化・大展編號 12

1. 道在養生：道教長壽術　　　郝勤 等著　250 元
2. 龍虎丹道：道教內丹術　　　　郝勤 著　300 元
3. 天上人間：道教神仙譜系　　　黃德海著　250 元
4. 步罡踏斗：道教祭禮儀典　　　張澤洪著　250 元
5. 道醫窺秘：道教醫學康復術　　王慶餘等著　250 元
6. 勸善成仙：道教生命倫理　　　李 剛著　250 元
7. 洞天福地：道教宮觀勝境　　　沙銘壽著　250 元
8. 青詞碧簫：道教文學藝術　　　楊光文等著　250 元
9. 沈博絕麗：道教格言精粹　　　朱耕發等著　250 元

・易 學 智 慧・大展編號 122

1. 易學與管理　　　　　　　余敦康主編　250 元
2. 易學與養生　　　　　　　劉長林等著　300 元
3. 易學與美學　　　　　　　劉綱紀等著　300 元
4. 易學與科技　　　　　　　董光壁著　280 元
5. 易學與建築　　　　　　　韓增祿著　280 元
6. 易學源流　　　　　　　　鄭萬耕著　280 元
7. 易學的思維　　　　　　　傅雲龍等著　250 元

8. 周易與易圖	李　申著	250元
9. 中國佛教與周易	王仲堯著	元

・神算大師・大展編號123

1. 劉伯溫神算兵法	應　涵編著	280元
2. 姜太公神算兵法	應　涵編著	280元
3. 鬼谷子神算兵法	應　涵編著	280元
4. 諸葛亮神算兵法	應　涵編著	280元

・秘傳占卜系列・大展編號14

1. 手相術	淺野八郎著	180元
2. 人相術	淺野八郎著	180元
3. 西洋占星術	淺野八郎著	180元
4. 中國神奇占卜	淺野八郎著	150元
5. 夢判斷	淺野八郎著	150元
6. 前世、來世占卜	淺野八郎著	150元
7. 法國式血型學	淺野八郎著	150元
8. 靈感、符咒學	淺野八郎著	150元
9. 紙牌占卜術	淺野八郎著	150元
10. ESP 超能力占卜	淺野八郎著	150元
11. 猶太數的秘術	淺野八郎著	150元
12. 新心理測驗	淺野八郎著	160元
13. 塔羅牌預言秘法	淺野八郎著	200元

・趣味心理講座・大展編號15

1. 性格測驗（1）　探索男與女	淺野八郎著	140元
2. 性格測驗（2）　透視人心奧秘	淺野八郎著	140元
3. 性格測驗（3）　發現陌生的自己	淺野八郎著	140元
4. 性格測驗（4）　發現你的真面目	淺野八郎著	140元
5. 性格測驗（5）　讓你們吃驚	淺野八郎著	140元
6. 性格測驗（6）　洞穿心理盲點	淺野八郎著	140元
7. 性格測驗（7）　探索對方心理	淺野八郎著	140元
8. 性格測驗（8）　由吃認識自己	淺野八郎著	160元
9. 性格測驗（9）　戀愛知多少	淺野八郎著	160元
10. 性格測驗（10）由裝扮瞭解人心	淺野八郎著	160元
11. 性格測驗（11）敲開內心玄機	淺野八郎著	140元
12. 性格測驗（12）透視你的未來	淺野八郎著	160元
13. 血型與你的一生	淺野八郎著	160元
14. 趣味推理遊戲	淺野八郎著	160元
15. 行為語言解析	淺野八郎著	160元

·健 康 天 地· 大展編號18

11. 看圖學英文	陳炳崑編著	200元
12. 讓孩子最喜歡數學	沈永嘉譯	180元
13. 催眠記憶術	林碧清譯	180元
14. 催眠速讀術	林碧清譯	180元
15. 數學式思考學習法	劉淑錦譯	200元
16. 考試憑要領	劉孝暉著	180元
17. 事半功倍讀書法	王毅希著	200元
18. 超金榜題名術	陳蒼杰譯	200元
19. 靈活記憶術	林耀慶編著	180元
20. 數學增強要領	江修楨編著	180元
21. 使頭腦靈活的數學	逢澤明著	200元
22. 難解數學破題	宋釗宜著	200元

・實用心理學講座・ 大展編號21

1. 拆穿欺騙伎倆	多湖輝著	140元
2. 創造好構想	多湖輝著	140元
3. 面對面心理術	多湖輝著	160元
4. 偽裝心理術	多湖輝著	140元
5. 透視人性弱點	多湖輝著	180元
6. 自我表現術	多湖輝著	180元
7. 不可思議的人性心理	多湖輝著	180元
8. 催眠術入門	多湖輝著	150元
9. 責罵部屬的藝術	多湖輝著	150元
10. 精神力	多湖輝著	150元
11. 厚黑說服術	多湖輝著	150元
12. 集中力	多湖輝著	150元
13. 構想力	多湖輝著	150元
14. 深層心理術	多湖輝著	160元
15. 深層語言術	多湖輝著	160元
16. 深層說服術	多湖輝著	180元
17. 掌握潛在心理	多湖輝著	160元
18. 洞悉心理陷阱	多湖輝著	180元
19. 解讀金錢心理	多湖輝著	180元
20. 拆穿語言圈套	多湖輝著	180元
21. 語言的內心玄機	多湖輝著	180元
22. 積極力	多湖輝著	180元

・超現實心靈講座・ 大展編號22

1. 超意識覺醒法	詹蔚芬編譯	130元
2. 護摩秘法與人生	劉名揚編譯	130元
3. 秘法！超級仙術入門	陸明譯	150元
4. 給地球人的訊息	柯素娥編著	150元

·養 生 保 健· 大展編號23

國家圖書館出版品預行編目資料

武當秘門技擊術—入門篇／高翔著
——初版，——臺北市，大展，2003〔民 92〕
面；21 公分，——（實用武術技擊；8）
ISBN 957-468-240-4（平裝）

1.武術—中國
528.97   92011184

武當秘門技擊術—絕技篇　　ISBN 957-468-240-4

著　　者／高　翔
責任編輯／趙新華
發 行 人／蔡森明
出 版 者／大展出版社有限公司
社　　址／台北市北投區（石牌）致遠一路 2 段 12 巷 1 號
電　　話／（02）28236031・28236033・28233123
傳　　眞／（02）28272069
郵政劃撥／01669551
網　　址／www.dah_jaan.com.tw
E - mail／dah_jaan@pchome.net.tw
登 記 證／局版臺業字第 2171 號
承 印 者／高星印刷品行
裝　　訂／協億印製廠股份有限公司
排 版 者／弘益電腦排版有限公司
初版 1 刷／2003 年（民 92 年）9 月

定　價／250 元